시골 목사의
김기석 글 톺아보기

국립중앙도서관 출판예정도서목록(CIP)

시골 목사의 김기석 글 톺아보기 / 지은이: 이강덕. — 서울
: 동연, 2018
    p. ;   cm

ISBN 978-89-6447-396-2 03040 : ₩13000

기독교[基督敎]
수필[隨筆]

230.4-KDC6
230.002-DDC23   CIP2018007184

시골 목사의 김기석 글 톺아보기

2018년 3월 2일 초판 1쇄 인쇄
2018년 3월 9일 초판 1쇄 발행

지은이 | 이강덕
펴낸이 | 김영호
펴낸곳 | 도서출판 동연
등   록 | 제1-1383호(1992. 6. 12)
주   소 | (03962) 서울시 마포구 월드컵로 163-3
전   화 | (02)335-2630
전   송 | (02)335-2640
이메일 | yh4321@gmail.com / h-4321@daum.net

ISBN 978-89-6447-396-2 03040

시골 목사의
김기석 글 톺아보기

이강덕 지음

동연

좌충우돌하며 목회한
모난 둘째 사위 목사를 위해
평생 무릎으로 사시다가 하나님의 품에 안기신
사랑하는 장모님, 고 김상임 권사님의 영전에
이 책을 올려 드립니다.

진리의 순례자로 산다는 것

예기치 않은 장소에서 자기의 흔적과 만난다는 것, 그것은 참 기묘한 느낌을 자아낸다. 가령 다리쉼도 할 겸 차도 마실 겸, 우연히 들른 북카페에 진열된 책을 일람하던 중 내 이름자가 박힌 책과 만났을 때가 그러하다. 그럴 때면 카페 주인이 어떤 사람인가가 궁금해지고, 호감에 찬 시선으로 그를 바라보게 된다. 대부분의 사람들이 스마트폰 화면에 눈길을 주고 있는 지하철에서 책을 꺼내드는 사람이 있어 바라보니 그가 기적처럼 내 책을 펼쳐 들 때도 마찬가지이다. 말이라도 한번 건네 볼까 싶은 생각이 들어 잠시 망설이지만 쑥스러워서 그런 짓은 하지 못한다. 그러면서도 궁금해진다. '그는 지금 어느 문장을 읽고 있을까?' 나도 모르는 사이에 그가 짓는 표정에 예민해진다.

글쓰기를 유리병에 담아 파도에 띄워 보내는 편지에 빗대 설명하는 이들이 있다. 그 글이 어디를 향하는지, 누구에게 당도할지는 아무도 알지 못한다. 그러나 글 쓰는 이들은 누구나 자기 글이 독자들의 마음을 뒤흔들어 그들이 정신적 둔감함에서 깨어나기를 소망한다. 주제넘은 소망일지 모르지만 그런 소망조차 품지 않는다면 글을 쓸 이유가 없다.

어떤 이들은 글을 피로 써야 한다고 말한다. 그만큼 글에 공력을 들이고, 자기의 혼을 담아야 한다는 말일 것이다. 나의 경우 그런 장엄한 말은 다른 이의 몫으로 남겨둘 수밖에 없다. 나는 왜 쓰는가? 써야 할 말이 넘치기 때문일까? 전혀 그렇지 않다. 쓰지 않으면 내가 무슨 생각을 하는지 알지 못하기 때문이다. 텅 빈 백지와 마주한다는 것, 아니 눈을 껌벅이며 입력을 기다리는 화면을 마주한다는 것은 그렇게 낭만적이지 않다. 그럼에도 불구하고 그 불편한 시간을 견디며 한 소식 떠오르기를 기다리는 것은 그렇게라도 하지 않으면 익숙함의 세계에 갇힐 가능성이 많기 때문이다. 써야 할 글의 얼개를 다 정하고 글을 쓰는 이들도 있지만, 글을 쓰는 행위 그 자체에 자기를 맡기는 경우도 적지 않다. 나의 경우는 후자이다. 물론 최초에 그 글을 쓰게 된 계기는 있지만, 그것은 그야말로 계기일 뿐, 처음 생각과 완전히 다른 곳에 당도할 때도 많다. 당혹스럽지는 않다. 글을 구상할 때 미처 생각하지 못했으나 분명 내 속에 잠재되어 있던 지점을 발견했으니 오히려 기뻐해야 할 일이다. 글쓰기의 선물은 바로 그런 것이다.

다시금 묻는다. "나는 왜 쓰는가?" 굳이 대답해야 한다면 인간답게 산다는 것이 무엇인지, 기독교인답게 산다는 것이 무엇인지를 밝히고 싶어서라고 말하고 싶다. 중뿔나게 사람들을 가르치려는 생각은 눈곱만큼도 없다. 다만 나 자신을 먼저 설득하고, 할 수 있다면 다른 이들에게도 이런 길을 함께 가보지 않겠느냐고 제안하고 싶은 것이다. 나의 글에 공감하든, 냉철하게 비판을 하든, 어떠한 형태로든 독자들에게 사유의 단초를 제공할 수 있다면 그것으로 족할 뿐이다.

목사는 공부하는 사람이어야 한다. 공부는 다 소용없다고, 기도에 전념해야 한다고 말하는 이들도 있지만 그처럼 무책임한 말이 없다. 목사는 하나님의 마음을 가리키는 표지판이 되어야 한다. 하나님의 마음이 무엇인지를 분별하는 게 결코 쉬운 일이 아니다. 욕정에 휘둘리는 인간이 하나님의 마음과 뜻을 온전히 알 수 있다고 말하는 것 자체가 교만이다. 옛사람은 "인간의 마음은 위태롭기만 하고, 도를 지키려는 마음은 극히 희미한 것이니 정신 차리고 오직 하나로 모아, 그 핵심을 꼭 붙들어야 한다"라고 말했다. 핵심을 붙들기 위해서는 늘 인식에의 목마름을 품고 살아야 한다. 시대정신을 분별하는 동시에, 그 속에서 위태롭게 허둥거리는 사람들의 마음을 알아차리고, 하나님이 부르시는 삶의 방향을 놓치지 않으려면 정신을 바짝 차려야 한다. 우리가 하나님의 형상이라는 사실을 까맣게 잊도록 만드는 시대정신과 맞서기 위해서는 지향을 분명히 하지 않으면 안 된다. 목사가 공부하는 사람이어야 한다는 것은 이런 뜻이다. 공부하지 않는 목사는 사람들을 오도하기 쉽다. 스스로 길을 잃은 목자들이 얼마나 많던가.

이강덕 목사는 공부하는 사람이다. 목회자 본연의 의무에 충실하다는 말이다. 그는 자신을 부족함이 많은 사람이라 말하지만, 또 그 말이 은근한 자부심을 숨기기 위한 위장술이 아니라는 사실을 잘 알지만, 그는 학생 정신에 충만한 사람이다. 그런 의미에서 그는 목사다운 목사이다. 눈 밝은 그가 내 책 열세 권을 읽고 서평을 적었다는 말을 들었을 때 두려운 생각이 들었다. 왠지 나의 허술하고 부실한 사유세계를 간파했을지도 모른다는 조바심 때문이었다. 그러나 정직하게 말하자면 고마운 마음이 더 컸다. 사람들은 어떤 대상을 조금 안 후에 그에 대해 다 안다고 생각하는 경향이 있다. 그러나 이강덕 목사는 그렇지 않다. 그는 일종의 전작주의자인 모양이다. 이런 사람은 말리기 어렵다. 책 말미에 덧붙인 참고도서 목록만 봐도 얼마나 치열한 인식욕의 소유자인지 짐작할 수 있다. 단순한 인식욕이 아니다. 그는 참의 길을 맹렬하게 탐색하는 진리의 순례자이다. 그가 열어가는 인식의 세계를 통해 많은 이들이 낯설지만 황홀한 세상과 만나 현실의 인력에서 벗어날 수 있으면 좋겠다. 이렇게 멋진 글벗과 만났다는 사실이 참 즐겁다.

청파교회 담임목사

김기석

추 천 의 글

오래 전 그가 밀양의 대곡교회란 곳에서 사역하던 때였습니다. 겨울 어느 날인가, 친구인 그를 만나기 위해 방문했고, 이삼일 가량을 머물렀던 적이 있었습니다. 떠나오던 날, 그와 그의 아내가 배웅하며 찍었던 사진에 담긴 그들의 모습이 아직도 또렷하게 기억납니다. 아침녘이라 아직 서릿발이 가시지 않은 논두렁에 꼬~옥 팔짱을 끼고 서 있던 두 사람, 대곡리란 마을에서 하나님의 사람들과 '함께 살이'를 시작한 그이들의 모습이 그가 지금도 곱씹고 있는 촌스러움이었을런지 모르지만, 그러나 저에겐 몇십 년이 지난 이제까지도 사역자로서 제일 멋진 친구네의 한편으로 남아 있습니다.

그 때에 예수께서 그 여자들에게 말씀하셨다. '무서워하지 말아라. 가서, 나의 형제들에게 갈릴리로 가라고 전하여라. 그러면 거기서 그들이 나를 만날 것이다'(마 28:10, 새번역).

무덤을 찾아간 여인들이 만난 예수, 예수께서는 부활한 자신을 목격하여 혼란스러워하고 있는 그들에게 제자들에게 가서 갈릴리에서 만나자는 당부를 하라고 전합니다. 왜 그러셨을까요? 예수께서는 제자들에게 왜 갈릴리에서 만나자고 하셨을까? 아니, 그보다도, 예수 당신께서는 왜 갈릴리로 가시려는 것일까요?

이 목사가 종종 '시골 목사'라 자칭하는 것을 들으며, 저의 기억에 담겨 있는 대곡에서의 조금(?)은 촌스러웠던 그가 떠오릅니다. 2016년 봄 그의 '목양일기'에서 "1990년 11월 밀양군 초동면 대곡리는 더운 지역이었지만 추웠고 을씨년스러웠습니다. 목사 안수를 받기 위해서는 단독 목회경력 2년이 필요했고, 그렇게 만난 저의 단독 목회 사역지는 지금까지의 사역지 가운데 가장 아름다운 곳으로 남아 있는 경남 밀양의 대곡교회입니다"라고 고백하듯 그에겐 아마도 '대곡'이 자신의 성찰과 영성의 순례 그 꼭대기에 있는 것이 아닌가 합니다. 그런 그로부터 예수께서 갈릴리로 가시고자 한 그 마음이 오버랩이 되는 것은 무슨 까닭일까요?

『시골 목사의 김기석 글 톺아보기』, 저자로부터 추천사를 부탁받고는 친구로서보다는, 나름 독자로서 그의 글을 보았습니다. 그러고는 저자가 '김기석을 만나 무엇을 하려는 것인가?', '김기석과 무엇을 나누려는 것인가?'를 생각했습니다. 김기석의 순례, 그 순례를 함께하려는 듯 흥분에 찬 저자를 보았고, 순례의 동행을 멈추지 않기 위해 봇짐을 단단히 들쳐 매는 결기도 느껴집니다. 그러나 그보다 김기석이란 징검다리를 딛고 건너 마침내 촌스러웠던 시절 그러나 가장 아름다웠던 시절의 그곳 '대곡'으로 가고픈 저자의 애절함을 목격합니다.

아주 낮은 곳이라도 그의 말대로 주군의 말씀이 머무르는 곳,
존재의 근원과 하나 됨의 희열을 누리는 고독이 가득한 곳,
심고 기다림이 얼마나 자연스러운 것인지 실감할 수밖에 없는 곳….

그래서 저자의 마음 한편에 묵직함으로 남아 있음이 눈에 선합니다.

예전, 예수께서 가려 했던 그곳,

그리스도인이라면 함께 가야만 하는 그곳,

모든 순례의 끝이 닿아 있는 그곳,

『시골 목사의 김기석 글 톺아보기』는 제작년 가을에 나온 저자의 『시골 목사의 행복한 글 여행』과 더불어 '그곳'을 향한 길에서 우리의 동행을 부르는 초대장이 틀림없습니다. 생각해 보니 제 안에도 '그곳' 이 있었고 그래서 화들짝 놀랐습니다. 그렇게 나를 놀래킨 친구인 그에게 감사를 전합니다.

이제 곧, 언 땅이 녹으며 새싹이 돋아나는 계절입니다. 『시골 목사의 김기석 글 톺아보기』와 함께하는 이들에게 신앙의 새싹이 돋는 기쁨이 이루어짐을 믿습니다.

봄이 기다려지는 계절에

인천 괭이부리마을에서

이상선

들 어 가 는 말

이상한 현상과 만나는 것은 인간이 건전한 적응 능력을 기르기 위해
꼭 필요한 것이라고 할 수 있다.[*]

일본 지성계의 큰 별인 다치바나 다카시가 쓴 책에 나오는 글입니
다. 이 글을 읽다가 그가 가지고 있는 이 무시무시한 내공을 발견하고
는 할 수만 있으면 일본을 폄훼하려 했던 한국인으로서 무척이나 존
심(存心)이 상하는 것을 느꼈습니다. 인용한 글이 무시무시한 내공이
담겨 있는 글이라고 표현한 것이 생소하십니까? 그렇다면 유감스럽
게도 독자는 책을 읽지 않는 분입니다. 반면 필자와 같은 생각을 갖고
계시는 독자라면 박수를 쳐 드릴만 합니다. 사람들은 이상한 일들을
할 수만 있으면 피하려고 합니다. 그러나 다카시는 이상한 일을 만나
는 것은 지성적인 열망을 추구하는 자들에게는 도리어 대단히 고무적
인 사건임을 선언합니다. 이유는 그 조우(遭遇)가 결국은 인간으로 하
여금 자아 성찰이라는 과정을 겪게 하고 이로 인해 가장 건전하고 건
강한 인간의 능력을 기르게 해주는 효녀임을 말해 주고 싶었기 때문
입니다. 오늘 우리들의 시대에 당신과 내가 겪는 가장 아픈 비극은 자
아를 성찰하게 만드는 통로가 막혀 있다는 점입니다. 통로가 막혀 있
기에 너나 할 것 없이 숨쉬기가 벅차 보입니다. 이렇게 질식 직전에

---

[*] 다치바나 다카시/이언숙 옮김, 『나는 이런 책을 읽어왔다』(서울: 청어람 미디어, 2014),
242.

있는 현대인들이 날숨과 들숨을 내쉬므로 역동적인 생명력을 되찾을 수 있는 방법은 과연 무엇일까? 다카시의 지론은 그가 경험했던 책과의 만남이며 독서의 생활이라고 단언합니다.

> 책과의 만남은 자기 스스로 만드는 것입니다. 진정으로 책을 좋아하는 사람은 스스로를 찾을 수 있기 때문입니다.*

필자는 다카시의 이런 접근을 오늘 이 글을 읽으려는 기독교계의 지성들에게도 적용하고 싶습니다. 근래 교회가 시름덩어리입니다. 자의든 타의든 분명한 현재적 실상입니다. 어떻게 이 지경이 되었는지에 대하여 쉽게 답변을 하는 것이 녹록하지 않을 정도로 그 상태가 심각합니다. 그러나 조금의 상식과 지성적 성찰을 하는 그리스도인이라면 아마도 공통분모의 답으로 이렇게 말할 것은 대동소이할 것입니다.

> "교회 스스로가 그렇게 만들었다."

변명의 여지가 없습니다. 개인적으로 부인할 수 없는 정답이기 때문입니다. 본 서(書)에서 다루게 될 김기석 목사의 『끙끙 앓는 하나님』을 손에 들고 읽다가 그의 고변(苦辯) 가운데 이 글이 가슴에 남았습니다.

> 갠지스강 삼각주에서 무성하게 자라며 강물을 정화시키는 맹그로브 나무처럼 기독교인들은 인간의 대지를 정화시키는 사람들이어야 합니다(77).

---

* 위의 책, 170.

김 목사의 이 일침을 왜 기억에 담았는가 하면 아마도 심각한 내홍으로 인해 쓰러지기 직전의 거대한 공룡과도 같은 교회가 혹시나 다시 기력을 회복하여 곧추 세워지는 기적이 일어난다면 그것은 아마도 그 기적의 단초를 제공하는 것 역시 교회일 것이라는 나름의 확신 때문이었습니다. 왜? 교회 안에 일으킬 사람이 있기 때문입니다. 그러나 그 사람은 김 목사의 말대로 맹그로브 숲의 나무 같은 그리스도인이어야 한다는 절대적 전제가 있습니다. 결국 쓰러지고 있는 한국교회를 다시 세울 수 있는 그리스도인은 정화의 능력이 있는 사람이라는 말입니다. 그렇다면 이 정화의 능력이 어디에서 만들어질까? 바로 이 대목에서 전술한 인간다운 인간 회복의 방법을 독서라고 말한 것과 맥을 같이하여 그리스도인다운 그리스도인을 만드는 방법—혹자가 너무 주관적 비약이라고 비난을 해도— 역시 독서하기를 통해서 가능하다고 설(舌)하고 싶습니다. 그렇습니다. 책읽기입니다. 책 안에서 만나는 수많은 지성적, 영성적 저자들이 공급해 주는 지혜, 편견을 배제한 통찰, 나에게 존재하는 무지에 대한 깨달음 그리고 그리스도인들이라면 반드시 가져야할 겸손한 앎까지, 책은 바로 이렇게 교회를 다시금 새롭게 하는 자생적인 정화 능력을 줄 사람을 만들어 줄 것을 확신하기에 필자는 그리스도인들의 독서 노정(路程)을 적극적으로 지지하며 또한 심지어 강제하고 싶습니다.

필자가 "시골 목사의 김기석 톺아보기"라는 제하의 평집(評集)을 내놓는 이유는 그의 글에서 한국교회가 붙잡아야 할 아딧줄을 발견했기 때문입니다. 김기석을 아는 사람들은 그를 지성적 글쟁이라고 말하는데 주저하지 않습니다. 그렇게 정의하면 그렇습니다. 그가 두루 섭렵하고 있는 동·서양의 지성적 혜안들은 목사라는 이름으로 살아가는 자치고는 조금 너무하다 싶을 정도로 그 질이 높습니다. 그러기에 그를 뛰어난 지성의 소유자라고 추켜세우는 것에 대하여 불편하지 않습니다. 그러나 필자는 김기석의 성향을 말할 때 지성보다 영성이 앞서 있다고 말하고 싶습니다. 이제부터 독자들과 함께 살피게 될 13권의 책은 필자의 주장을 뒷받침해 줄 것입니다. 한 가지 덧붙이고 싶은 것은 필자 스스로가 김기석을 이렇게 평가하는 이유가 그를 맹목적으로 따르는 추종자이기 때문이 아니라, 한국교회를 다시 회복시킬 수 있는 정화의 기초를 제공할 지성적 영성이 그에게 있음을 알기 때문입니다. 해서 필자는 이 글을 읽는 모든 이가 김 목사가 갖고 있는 지성적 영성을 함께 공유하기를 진심으로 기대합니다.

시골에서 목회를 하는 목사이기에 언제나 보는 소견이 좁고 촌스럽습니다. 그래서 글을 내놓기가 무척이나 조심스럽고 부끄럽습니다. 그럼에도 용기를 낸 이유는 사랑하는 한국교회 때문입니다. 신념과 신앙조차 구분하지 못하는 일부 몰지각한 자들의 교회 사유화, 전혀 신학적, 성서적 사유함이 없이 해석되어지는 교회만을 위한 수구적 방어 논리 그리고 이런 취약함을 빌미로 침소봉대하여 교회에 대해 무자비한 폭력을 가하고 있는 세속적 가치라는 다양한 공격들에 대항하고 싶었기 때문입니다. 아는 것이 일천하여 책을 낸다는 것이 무모한 일임에도 불구하고 촌티 나는 목사의 아주 조그마한 한국교회를 위한 안타까움의 진정성을 이해하고 귀한 책을 제작해 주신 도서출판 동연 대표 김영호 장로님과 졸필인데도 책을 조금이라도 돋보이도록 만들기 위해 편집에 심혈을 기울여 준 편집부 식구들에게 심심한 감사의 인사를 드립니다. 이 책은 청파교회를 담임하고 있는 김기석 목사가 쓴 13편의 저서들을 서평한 글입니다. 해서 원저자의 추천사는 이 글이 존재하게 된 타당성을 인정해 주는 대단히 중요한 요소가 아닐 수 없습니다. 서툰 글이라 세상에 내놓기가 참 두렵고 부끄러웠지만 시골에서 촌스럽게 목회하는 후배 목사의 진정성을 이해하셔서 격려해 주기 위해 귀한 추천의 글을 허락해 주신 김기석 목사님께 진심으로 감사의 인사를 드립니다. 더불어 항상 진정한 구도자의 삶을 가난한 자들의 현장에서 살아내며 실천적 목회자상을 보여주었기에 필자를 마냥 부끄럽게 하는 괭이부리마을의 친구, 새결교회 공동체의 이상선 목사가 진정성을 가지고 써 준 추천사는 가뜩이나 읽을거리가 빈약한 이 글을 빛나게 해 준 보석 같은 글이었기에 머리 숙여 감사의 뜻을 전합니다. 가르치는 아이들의 독서 지도를 해야 하는 바쁜 와중에도 담임목사의 글이 망신당하지 않게 꼼꼼하게 교정을 보아준 이영미 권사님께도 따뜻한 감사를 드립니다. 더불어 졸저의 출판을 위해 사랑으로 지원해주신 심재희 권사님께도 감사의 인사를 전합니다.

작년 말, 평생 선한 싸움을 싸우고 달려갈 길을 다 달려가셨고, 믿음을 지키셨던 사랑하는 장모님 김상임 권사께서 하나님의 부르심에 응답하셨습니다. 목회에 소질 없는 사람이기에 참 모나게 목회를 해서 거의 구제불능의 그로기 상태인데도 목사직을 그렁그렁 감당할 수 있었음은 분명 무릎으로 사신 장모님 덕분이었습니다. 그런데 그 별이 떨어져 이제 어떤 힘으로 목회를 할지 어둠 그 자체입니다. 너무나 늦었지만 그리고 부끄럽지만 정말 사랑했던 나의 장모님의 영전에 이 책을 올려드리고 싶습니다. 제천 세인교회라는 공동체가 세워진 지 이제 9년이라는 세월이 지났습니다. 오직 한 가지의 일, 예수가 그리스도이심을 전하는 것 말고는 아는 것이 별로 없어 참 재미없는 사람이 담임목사인 필자인데 그 재미없는 사람을 재미없다 하지 않고 함께 울어주고 웃어준 세인 지체들은 저에게는 최고의 사람들입니다. 섬김의 은혜를 알게 해 준 세인교회 교우들에게 머리 숙여봅니다.

이제는 흰 머리가 제법 많아진 그래서 주일마다 흰 머리를 뽑으려고 힘을 쓰는 아내를 보면 너무 죄스럽고 미안한 마음을 금할 길이 없습니다. 사랑하는 아내 심재열은 제 인생에 있어서 최고의 동반자이기에 다시 한번 고마움과 사랑을 전합니다. 앞으로 10년 후 한국교회의 미래는 존폐를 말할 정도로 침울합니다. 그런 정글 같은 현장으로 들어가기 위해 서울신학대학교 신대원에서 공부하고 있는 아들을 생각하면 어떤 때는 잠이 잘 오지 않습니다. 그러나 언제나 하나님의 역사는 예언자 이사야가 말한 대로 그루터기 같은 남은 자들을 통해 이루어졌던 것을 알고 믿기에 아들도 그 그루터기가 되어 줄 것을 기대하며 중보의 끈을 놓지 않고 있습니다. 이 두 번째 책 출간을 아들이 기쁨으로 기다리고 있고, 이제는 아버지의 든든한 동반자로 서 가고 있는 아들 이 요한 전도사에게도 사랑하는 마음과 고마움을 전합니다.

글 읽기와 글쓰기는 또 다른 일입니다. 졸필 중에 졸필이지만 이 두 가지를 행할 수 있는 힘을 주신 하나님께 감사를 드립니다. 필자가 치열한 목회의 현장에서 버틸 수 있는 것은 저의 영원한 밑힘(底力)이자 주군이신 주 예수 그리스도 당신 때문입니다. 언제나 저는 주군의 노예입니다. 그래서 행복합니다.

2018년 1월.
물이 참 맑은 동네 제천에서
이강덕 드림

차 례

일러두기

산상수훈의 내용이
삶의 유언이기를 바라는 사자후

『삶이 메시지다』(2010년)를 읽고

내 삶이 곧 메시지이다

김진 박사가 쓴『간디와 대화, 어떻게 살 것인가?』를 보면 이런 간디의 일화가 적혀 있다. 언젠가 간디가 막 기차에 오르려는데 한 기자가 간디를 붙들고 말했다.

선생님, 인도 국민들을 위하여 메시지를 전해 주십시오! 그때 간디가 종이에 무엇인가 급히 써서 주었다. 거기에는 이렇게 쓰여 있었다. 'My life is my message.'*

한겨레신문의 종교 전문 기자 조헌의 글에도 비슷한 내용이 있다.

---

* 김진,『간디와의 대화』(서울: 스타북스, 2015), 53.

"내 삶이 유언이다."*

규암 김약연 목사가 임종 직전에 자식들과 제자들에게 남긴 말이라고 한다. 더 이상 무슨 부연 설명이 필요한가? 기독교의 근간을 이루어낸 수많은 믿음의 선배들이 이렇게 살다가 갔다. 김기석 목사가 이들에게 영감을 얻었나? 그럴 수도 있고 그렇지 않을 수도 있겠지만 중요한 것은 키워드이다.

"내 삶이 곧 메시지다."

오늘 나의 사랑하는 한국교회를 생각하면 만감이 교차한다. 자신의 삶이 곧 메시지라고 말할 수 있는 그리스도인들이 왜 오늘 우리들에게는 없는가에 대한 대답 때문이다. 곰곰이 생각해보면 오늘 한국교회에 말이 없는 것이 아니다. 삶이 없는 것이지. 사정이 이렇다보니 한국교회가 전하고 있는 메시지는 어느 새 '저들만의 리그'로 전락한 지 이미 오래되었다. 세상은 교회가 무슨 말을 해도 듣지 않고, 또 들으려 하지도 않아서 추락의 한복판에 교회가 서 있다. 회자되듯 세상이 교회를 걱정하는 세대이니 더 이상 무슨 변명이 필요한가? 이 서평을 쓰고 있는 시간, 세간은 국내 유명 신학대학교에서 학사와 석사 학위를 취득하고, 독일로 유학을 가 박사학위까지 취득한 이후, 모교에서 겸임 교수로 일하며 동시에 부천의 한 교회에서 목회하는 담임목사가 딸을 살해한 이후, 1년 동안 집안에 사체를 방치하여 백골 상태

---

* 조헌, 『울림』 (서울: 휴, 2014), 214.

로 유기하였다가 발각된 엽기적인 일로 인해 떠들썩하다. 다시 한 번 한국교회를 그로기 상태로 만드는 치욕을 안겨주고 있다. 그 엽기적이고 충격적인 일을 벌인 친구가 필자가 졸업한 신학교 후배라는 이야기를 듣고 이루 말할 수 없는 참담함으로 괴로웠다. 이제 바닥인가? 모름지기 증권 시장에서는 주가가 바닥을 치면 다시 반등의 시기가 올 거라고 공공연한 희망을 가진다는 데, 지금 내가 사랑하는 한국교회는 계속해서 깊은 무저갱 속으로 끊임없이 추락하는 몰골이다. 이런 상황에서 한가롭게 읽은 책 나누기나 하고 있는 내가 너무 호사를 누리는 것이 아닌가 하는 생각마저 들 정도이니 그 자괴감을 어떻게 표현할 수 있을까 싶다.

산상수훈의 상실

무엇이 잘못된 것일까? 어디에서부터 단추를 잘못 끼운 것일까? 도대체 어떻게 이 지경이 되었을까? 진단 역시 너무 늦은 감이 있어 서늘하다. 하지만 그래도 진단은 해야 하지 않을까 싶다. 무언가 잡을 만한 지푸라기라도 있지 않을까 싶어서. 또 하나, 그렇게라도 해야 속죄하는 것 같은 심정이라서. 그렇게 고개를 숙이고 사유하고 또 사유한 결과, 또 다시 스멀거리며 올라온 생각은 주군께서 산에 오르셔서 선포하신 빼어난 교훈을 한국교회가 상실했다는 점이었다. 소위 말해서 '산상수훈의 상실' 말이다. 그렇다. 산상수훈의 교훈을 너와 내가 잃어버렸기 때문이다. 적어도 너와 내가 주군께서 선포하시며 당부하셨던 산상수훈의 조목조목을 복기하며 살았다면 한국교회가 이 지경의 동네 샌드백은 되지 않았을 텐데 하는 아쉬움이 가득하다. 이제 발

버둥이나 한 번 쳐보자. 혹시 사랑하는 교회가 그리고 당신과 필자가 지금이라도 산상수훈을 살아내는 현장으로 돌아간다면 아직은 실오라기 같은 희망이 남아있지는 않을까 싶어서 말이다. 살아냄을 말하려니 낯이 많이 간지럽다. 그렇게 말처럼 녹록한 삶이 아니기 때문이다. 저자의 시작하는 말을 들어보자.

> 산상수훈은 예수 정신의 알짬이다. 기독교인들이 마땅히 삶의 강령으로 삼아야 할 가르침이다. 그러나 현실은 그렇지 못하다. 살아낼 엄두를 내지 않는다. 지금 산상수훈은 액자에 걸려 있을 뿐 우리들의 비근한 삶에 녹아 있지 못하고 있다(9).

냉철한 현실 속에서 마치 내 자아를 까발린 것 같은 타협 없는 지적이다. '이렇게 살아야 하는데!'의 장탄식이 너무 늦은 것은 아닌가 하는 불안한 생각이 드는 것은 필자만의 객기가 되어서 안 되겠다고 하는 마음 간절하다. 오래 전, 반전 운동가이자 진보적 성향의 목회자인 로빈 마이어스가 산상수훈에 관하여 언급한 글을 아주 의미 있게 읽은 적이 있다.

> 예수의 산상 설교(마태복음 5-7장)의 메시지는 실제로 우리를 구원의 순간으로 도달하게 했지만, 교회 안에서 서로 목숨을 걸고 싸우는 교리들의 시끄러운 소음 때문에 산상수훈의 메시지는 더 이상 들리지 않는다. 산상설교에는 무엇을 믿어야 하는지에 관하여는 단 한마디의 말씀도 없고, 오직 무엇을 해야 하는지에 관한 말씀들뿐이라는 사실을 알고 있는가? 산상설교는 행동에 관한 선언이지, 교리적 진술들

의 선언이 아니다.*

가슴에 담아야할 보물 같은 권고이다. 그의 선언에 가슴이 먹먹해
지는 것은 미국교회나 한국교회의 현실이 너무나 닮은꼴이라는 점 때
문이다. 내 조국교회에 산상수훈의 알짬들을 살아내고 있는 몸부림은
정말로 있는 것일까? 저자는 글을 통하여 산상수훈을 상실한 교회를
고발한다. 그러나 필자가 불편하지만 본서를 사랑하는 이유는 저자가
단순히 글을 통해 산상수훈의 상실을 고발로 끝내지 않고 산상수훈의
살아냄의 고민들을 알천같이 뿜어내고 있다는 노력을 보았기 때문이
다. 교회의 교회답지 못함에 대한 탄식을 갖고 있는 저자지만 또 한편
으로 그 불쌍한 교회를 향한 덕지덕지한 끊을 수 없는 하나님이 포기
하지 못하시는 사랑의 밀어가 저자의 글 담론 속에 있다. 저자도 이렇
게 말하니 갑자기 필자도 용기가 생겨 한마디 거들고 싶어졌다. 잃어
버리고 망각해 버린 산상수훈을 다시 살아낼 수만 있다면 한국교회의
꺼져가는 촛불을 다시 살릴 수 있지 않을까 하는 희망사항 말이다.

살아내도록 하는 책이 진짜 책이다

산상수훈에 대한 해석, 주석, 설교는 지천에 깔려 있다. 상투적인
방법으로 사람들에게 산상수훈의 내용과 의미 전달을 하려면 얼마든
지 가능하다. 아니 너무 자료가 많아 어떤 것을 선택해야 할지 혼돈스

---

* 로빈 마이어스/김준우 옮김, 『예수를 교회로부터 구출하라』(서울: 한국기독교연구소,
  2012), 27.

럽기까지 하다. 그러나 문제는 산상수훈을 살아내라는 책이 보이지 않는다는 점이다. 재론하지만 산상수훈에 대한 이론적, 신학적 접근을 시도한 책은 무궁무진하다. 유감스럽게도 살아내려는 그리고 살아내라는 치열함을 알려주는 책이 희미한 오늘, 저자의『삶이 메시지다』는 앎이 아닌 삶으로 산상수훈을 말하는 수작이다. 내친 김에 조금 더 칭찬해 보자. 지금까지 필자가 본 적이 없는 삶을 살아내라는 걸작이다. 이런 이유로『삶이 메시지다』는 오늘의 교회를 아파하는 목사는 물론, 모든 그리스도인들이라면 꼭 한 번 섭렵해야 할 귀한 도서이다. 저자는 이렇게 산상수훈의 머리를 장식한다.

> 예수를 믿는다는 사람은 많지만 예수의 제자가 되려는 사람은 많지 않다. 제자란 스승이 하는 일을 하는 사람이니까. 그러나 스승인 예수가 하신 일은 현대인들에게 그리 매력적이지 않다(17).

저자의 이 설파에 마음이 뜨끔하다. 마음에 와닿고 찔리기 때문이다. 근래 예수가 참 매력적인 인물로 평가되는 듯하다. 단 부유층의 사람들과 정치 기득권의 사람들에게 더더욱 그렇다. 정치의 중요한 이슈가 발생하면 번영 신학에 기초가 든든한 사람들이 벌떼처럼 정부 정책을 위하여 십자가를 져준다. 사정이 이렇다보니 절대적인 권력을 휘두르고 있는 저들은 예수를 이용하여 자기들의 헤게모니를 더욱 굳건히 해 줄 용병으로 대형교회와 부유층의 그리스도인들을 이용한다. 교회가 잘 되게 해준다는 떡고물을 미끼로. 그래서 예수는 기득권자들에게 정책적으로 참 매력적인 인물이 아닐 수 없다. 예수는 그들에게는 성공한 자이어야 하고, 당연히 그를 붙들면 부가 창출되고, 정권을 연장하며 경우에 따라서는 정권을 영원히 가질 수 있도록 해주는 아주 매력적인 인물이다. 그러나 정말 그런가? 아니다. 결코 아니다. 왜? 예수는 세속적 관점으로 바라볼 때 매력적인 인물이 아니라 철저히 실패한 인물의 원형처럼 무기력한 존재에 더 가깝기 때문이다. 교회는 그래서 정직한 예수를 전하고 가르쳐야 한다. 그러나 한국교회의 현실은 이미 그렇지 못하다. 예수를 믿는 것에 기울어져 있다. 믿는 것에서 정체되어 있다. 더 나아가면 부담을 말해야 하고, 또 더 나아가면 부자로 사는 것에 대하여 철저히 실패한 예수를 말해야 하고, 한 발 더 나아가면 만사형통이 얼마나 對(대)신앙인 사기극인지를 밝혀야 한다. 필자는 보수적 복음주의자인 아이든 토저의 글에서 부분적으로 동의하고 싶은 글을 많이 발견한다. 그의 사자후를 하나 들어보자.

과거에 세상이 교회를 따랐던 적이 있었다. 교회가 주도권을 쥐고 앞서 나갔으며, 세상은 교회를 뒤따랐다. 하지만 지금은 전혀 반대이다. 지금은 교회가 무릎을 꿇고 세상을 흉내 내고 있다. 과거의 교회는 어린양의 아름답고 혈색 좋은 신부였으나, 지금 교회는 쪼글쪼글한 늙은 걸인 같다. 지금 교회는 세상의 거리로 나가 세상 사람들에게 동전 한 닢을 구걸하기 위해 손을 내밀고 있다. 한때는 교회가 세상을 향해 '은과 금은 내게 없거니와 내게 있는 것으로 네게 주노니 곧 나사렛 예수 그리스도의 이름으로 일어나 걸으라'라고 말했다. 그러나 오늘날은 어떤가? 오늘날 교회는 '제발, 우리를 이상한 사람으로 취급하지 마십시오. 우리는 예수님을 믿는다는 것을 제외하고는 다른 어떤 면에서 당신들과 똑같습니다'라고 말한다. 오늘날 그 많은 시간과 돈과 노력을 쏟아 부으면서 세상에 전하는 것이 무엇인가? 성경적 기

독교와 세상을 섞어놓은 기독교, 혼혈 기독교를 전하지 않는가? 명심
하라. 십자가의 기독교는 세상의 비위를 맞추려고 아첨하지 않는다.
과거의 교회는 세상의 비위를 맞추려고 애쓰지 않고 오히려 십자가를
지고 '하나님 우리가 여기 있나이다. 우리가 의지할 분은 하나님뿐이
오니 우리를 도우소서'라고 기도했다. 교회는 자신의 성경적 원리위
에 우뚝 서서 세상에게 성령님의 음성을 들려주어야 한다. 그러면 세
상 사람들이 교회로 몰려 올 것이다.*

성향이 보수적인 복음주의자이기에 토저는 글의 결론을 "그러면 세상
사람들이 교회로 몰려 올 것이다"라고 맺었다. 교회의 핵심적 가치가
사람을 모으는 것이 아니라 예수의 삶을 살아내도록 하는 것임을 필
자는 먼저 생각하기에 토저의 발언 중 결과에 대한 도출을 전적으로
동의하기에는 불편하지만 그러나 그럼에도 불구하고 그가 선포한 교
회가 세상을 향하여 갖고 있는 비굴한 태도에 대하여 성토하는 외침
에는 같은 마음이 있음을 표하고 싶다.

산상수훈이 삶으로

산상수훈을 교회가 살아야 예수 따르미들이 탄생된다. 교회가 산
상수훈 살아내기에 눈감고 있다면 교회는 물론 예수 따르미도 배출될
리 없다. 그것은 교회와 기독교인들의 공멸을 의미한다. 필자는 용산
참사가 일어났을 때, 몹시 힘이 들었다. '왜 대한민국은 힘이 없는 자

---

* 아이든 토/이용복 옮김, 『세상과 충돌하라』 (서울: 규장, 2011), 29-30.

들이 이렇게 우는 나라가 되어야 하는가?'에 목사로서 답변할 말이 없었기 때문이었다. 그러던 중에 주원규의 장편 소설『망루』를 읽게 되었다. 소설은 중간 중간 '벤 야살'이라는 예명으로 한국교회의 이중성을 고발하며 본인이 다니던 교회의 홈페이지에 독설을 뽑아내는 인물의 편지를 소개한다. 동시에 소설은 그 편지에서 불의로 도배한 한국교회를 힘으로라도 전복하려는 벤 야살의 기도(企圖)를 사랑의 힘으로 막는 소설가의 작위적인 인물 '재림 예수'가 등장한다. 이 둘의 긴장감은 정의와 사랑이라는 두 개념의 치열한 공방으로 전개된다. 기실, 소설의 작가는 힘과 능력이 없어서 당하는 현대인들의 소망 즉 부조리, 불합리, 공평하지 못한 자본주의의 천박성, 무전유죄 유전무죄의 있는 자들만의 천국, 갑질 인생을 즐기는 갑들의 세상 등등 이 모든 것들을 혁명적인 힘이 분연히 일어서 판을 뒤집어 업기를 바라는 벤 야살과도 같은 존재가 탄생하기를 한편으로 그린다. 그러나 상황은 충분히 이해하지만 혁명과 전복이라는 폭력이 아니라 끝까지 사랑이라는 행동으로 그 불의와 맞서야 함을 강조하고 살아내는 재림예수와의 묘한 긴장감을 박진감 있게 작가가 터치하기에 이 소설을 손에서 놓지 못하게 한다. 내 조국교회의 현실이 바로 이렇다. 벤 야살과 재림예수가 존재한다. 문제는 재림예수를 빌미 삼아 행동하지 않는 근본주의적인 교회들이 산상수훈을 살아내는 진실한 그리스도인들을 때로는 색깔론으로, 때로는 신앙 없는 자로 매도하며 한국교회를 휘감아 똬리를 틀고 있다는 점이다. 본서의 저자는 이런 수구성에 대하여 도전한다. 그리고 산상수훈의 교리화가 아닌 살아내기를 분연히 외친다.

보수도 진보도 아우르는 성서 지평

주지하다시피 저자는 주류 한국교회의 틀에서 볼 때 반골(?)적 기질의 라인에 서 있어 보이는 인물이다. 표현이 조금은 과격하지만 말이다. 맘에 걸려 조금 더 점잖게 말하자면 개혁적 성향의 인물이라는 말이다. 필자는 이런 성향을 표현할 때 가장 상식적인 도를 추구하는 지성적 영성을 지닌 소유자라고 표현하지만, 또 다른 우회전 주류들의 입장에서 평가하자면 저자는 심하게 좌회전한 자로 인식하기에 충분한 소양을 갖고 있는 인물이다. 그렇다면 저자는 책의 시작에서 예수라는 주군에 대한 인식과 더불어 그를 따르는 자들에 대한 제반적인 인식이 역사적 예수의 따르미들로 해석할 수 있는 가능성이 농후한 것이 사실이다. 그러나 필자는 아이러니하게도 저자가 인식한 산상수훈의 시작을 알리는 '제자론' 이해는 너무나 보수적으로 보인다는 점에서 놀랍고 또 고무적이다. 물론 해석의 다양성은 열어 놓지만. 왜 이 관점을 제기하고 있는지 아는가? 부정적인 코멘트를 하기 위함이 아니라, 도리어 저자의 해석에 동의함을 표하고 싶었기 때문이다. 예수를 따르는 따르미들을 진보적인 개념으로 접근할 때, 자칫 잘못하면 그들의 진보성이 예수를 따르는 '무리'로 전락될 수 있는 여지가 충분하다. 지적인 접근만으로 신앙이라는 개념은 논할 수 없는 영역이기 때문이다. 진보적, 개혁적 성향이 강해 발전적인 토대를 향하여 나아감으로 인해 필자도 저들의 일에 대해 많은 부분 박수를 칠 때가 있지만, 항상 결정적으로 그들의 길에 온전히 부합하지 못하는 이유는 도무지 함께할 수 없는 2%의 극단이 보이기 때문이다.

여하튼 시작이 너무 좋았다. 극단으로 치우치지 않고 균형을 잡으려는 저자의 발군의 실력이 눈에 들어왔기 때문이다. 저자는 이어지는 여덟 가지의 복을 극히 현대적인 감각으로 해석하려고 노력한다. 철저한 자기 비움과 그 비움의 공간을 하나님으로 채움으로 인해 비로소 얻게 되는 가난한 마음을 가진 자가 진정 복되게 사는 자임을 밝히는 것을 시작으로, 새로운 생을 시작하는 박명(薄明)으로 애통함을 말하고, 아무런 물리적, 정신적 강제도 없이 상대를 무장해제 시키고 그의 존재를 고양시키는 힘을 온유라고 해석하는 저자의 통찰은 귀하게 보인다.

어디 이뿐이랴! 의에 주림은 행복이며, 자비는 늘 아파하는 사람의 능력이며, 그 사람이 예수를 닮은 사람이라는 말은 선명한 해석으로 눈에 띈다. 눈물로 마음을 닦는 자가 진정으로 청결한 마음의 소유자이며, 평화는 힘으로 만들어지지 않는다는 대목을 저자가 힘주어 말할 때는 비장하기까지 하다. 이런 차원에서 평화에 이르는 길은 없다. 평화가 곧 길이라는 현자의 말에 대한 저자의 재인용은 의미가 있다. 이것이 북한 핵에 대하여 '사드' 라는 힘으로 대응하는 이 정부의 밀어붙임은 왠지 필자 역시 흔쾌히 동의하지 못하는 아픈 이유이다. 끝까지 예수 사랑의 힘으로 박해를 받는 것이 주의 뜻이라면 그 길을 가는 것이 마땅하지 않을까 싶어서 말이다.

소금이야 그리고 빛이야 넌!

성경을 읽다가 가끔 소스라치게 놀라는 단순한 은혜가 발견되면 전율한다. 빛과 소금의 이야기가 그렇다. 예수께서는 이렇게 선포하셨다. "너는 세상의 소금이다. 너는 세상의 빛이다." 다시 말하면 너와 소금, 너와 빛은 동격이라는 말이다, 우리들이 흔히 착각하는 함정이 있다. 이 구절을 '빛이 되라, 소금이 되라'는 진행형으로 해석하여 빛 되지 못하고 소금되지 못한 것에 대해 변명하고 자기 합리화하는 머리 굴림이다. 되라고 하셨기에 아직은 불완전하고 그렇게 살지 못하는 것에 대한 이해를 하나님도 하신다는 잔머리 굴림 말이다. 그러나 주군은 이 점에 대하여 빈틈을 주시지 않았다. 필자는 '소금인 나, 빛인 나'라는 절대 명제 앞에서 긴장한다. 저자는 이 대목에서 이렇게 역설한다.

> 교회는 하나님의 뜻을 여쭙고 거기에 복종하기보다는 세속적 성공의 기준에 맞추기 위해 동분서주한다. (중략) 해서 교회는 이제 세상을 많이 닮았다. 교회가 먼저 변했고, 세상이 교회를 닮았다", "불의한 세상을 향하여 분노를 회복하라. 그것이 소금의 맛을 회복하는 관문이다. 세상의 빛이 되고 싶다면 스스로 사랑이 되라(120).

저자의 외침이 귓가를 세차게 때린다. 동시에 하나님의 말씀을 경솔히 여겼던 종교지도자들을 향한 주군의 경고하심을 해석한 저자의 일갈이 눈에 띈다. 말씀을 읽는다는 것은 우리 삶을 하늘에 비추어 보는 것이다. 하나님의 말씀은 존재로 증명되고 삶으로 증명되는 것이어야 한다. 말뿐인 말이 되어서는 안 된다고 지적한다. 그래서 그랬나? 저자는 이렇게 기록했다.

> 하나님의 말씀은 누군가의 몸이 필요하다. 여러분의 손과 발을, 시간과 정성을 주님께 봉헌하여, 말씀이 여러분의 존재와 삶을 통해 세상

에 말해도록 하라(142).

『삶의 메시지다』의 압권은 아마도 함께 살아가야 하는 세상을 향하여 그 길을 막고 있는 싸움을 멈추라는 명령일 것 같다. 하늘을 잃어버렸기에 전쟁과 싸움과 힘이 정의가 되어버린 비루함에 맞서기를 종용한다. 다만 저자는 힘에는 힘, 이에는 이의 논리가 아니라 하나님이 내 편이라고 생각하는 편견에서 벗어나 '그도 내 편'이라고 생각하시는 하나님의 생각에 항복할 것을 강조한다. 이것을 인정하는 자는 폭력을 멈추게 될 것이며, 타인의 삶을 긍휼(COMPASSION)로 접근하게 될 것이며, 차별하지 않음으로 나아가게 될 것임을 역설한다. 인용한 성 프랜시스의 말이 고풍스럽게 여겨진다.

하나님의 인자하심을 그리라면 지우개를 들고 계신 하나님을 모습을
그리게 될 것이다(195).

이제 저자는 경건의 틀까지 그린다. 경건은 오늘을 가장 아름답게 살아가는 그리고 가장 인간답게 살아가는 방식이라고 전한다. 그리고 우리들의 생이 다하기까지 달려갈 목표라고도 했다. 그러려면 허영을 버리라고 말한다. 하나님이 배분해 주신 삶의 몫을 충실히 살라고 권한다. 나의 뜻과 하나님의 뜻이 부딪칠 때 하나님의 뜻을 따르는 것이라고 역설한다. 기도할 때는 깊이 사귀고, 성령의 조명하심에 따라 나아갈 때 나아가고, 물러설 때 과감히 물러섬을 행하는 것이 경건의 실체이며, 고통을 받는 이들과 끝까지 연대하며, 조금 덜 쓰고 조금 더 불편하게 살기로 결단하며 그렇게 살아내는 것이 경건의 핵심임을 저

자는 비장하게 말한다.

> 시간이 많지 않다. 종말의 현실이 눈앞에 있다. 하지만 세상을 새롭게
> 하시려는 주님의 꿈은 지금도 여전히 유효하다(235).

맞장 뜨라

마지막 저자의 메시지는 맘몬과의 맞섬이다. 물러서지 않음이다.
물질 성공 시대의 패대기이다. 마침내 맘몬에게 함몰되어 있는 미친
시대의 순서를 하나님께 마음을 돌이키는 순서라는 궤도로 수정하게
하는 제대로 만들기이다. 이것은 그리스도인들이 세상을 향하여 보여
줄 삶의 메시지이다. 저자는 긴 여행을 마치며 신영복 선생의 글을 하
나 인용한다. 감옥에서 만난 목수 할아버지가 집을 그리는데 순서가
지붕부터가 아니라 땅바닥부터 그렸다고. 그런데 이 기막힌 충격을
글로 읽은 저자는 이렇게 글을 맺는다.

> 신앙생활이란 '고백'을 삶으로 번역하는 지난(至難)한 과정이다. 고
> 백은 활동 속에서만 진실성이 드러난다. 희떠운 말의 성찬 속에서는
> 우리는 더욱 배고프다. (중략) 인간성이 무너져 내린 폐허 위에 서서
> 손으로 그 잔해를 걷어내고, 그 위에 새로운 집을 지어야 한다. 믿음
> 으로 바닥을 다지고, 수직의 중심을 잡아 삶의 재료들을 쌓아올리고
> 함께 살아가는 이웃들과 어깨를 겯고, 높이 오를 일이다. 기도의 골방
> 과 사귐의 사랑방을 만들고, 사랑과 섬김으로 창문을 내고 하나님의
> 보호하심으로 지붕을 삼아야 한다. 너무 늦은 때가 가장 이른 때라는

말을 지팡이 삼아 볼 일이다. 우리가 일단 내달으며 그분이 안아서
날라주실 것이니(301).

저자의 마지막 에필로그를 읽는데 눈물이 핑 돈다. 왜 그럴까? 감
성이 아직 살아 움직여서일까? 아니다. 도리어 그의 말이 이성으로 가
슴 벅차게 다가왔기 때문이다. 필자는 올곧게 그리고 또 어떤 경우에
는 참으로 무식하게 믿는 배짱이 하나 있다. '밑의 힘' 즉 한국교회가
'저력'(底力) 이 있다고 믿는 것이다. 왜냐하면 믿음의 선배들이 기도
의 골방에서 흘린 눈물로 지금의 교회가 세워졌음을 믿기 때문이다. 믿
음의 삶은 저력이라는 힘을 비축하는 근원이라고 나는 지금도 믿는다.

1986년은 신학교 졸업을 1년 앞두고 있던 시기였다. 국가적으로
도 한 치 앞이 내다보이지 않는 절망의 시기였기에 앞으로 현장에 나
가 목회자로 어떻게 사는 것이 올바른 길인가를 놓고 치열하게 내 자
아와 싸움하던 시기였다. 그러던 어느 날, 필자는 폴 쉴링의 『무신론
시대의 하나님』을 만났다. 그리고 그 안에 담겨져 있는 마틴 부버의
한 문장이 벼락과 천둥처럼 다가왔던 것을 기억한다. 필자에게 목회
자로서의 영적 회심을 불러일으켜 준 글이었다.

자기의 창문을 통해서 응시하는 무신론자가 자기가 만든 거짓된 하나
님 상에 사로잡힌 신앙인보다 하나님에게 더 접근해 있다.*

목회자가 된 이후 26년 동안 단 한 번도 부버의 이 일침을 잊은

---

* 폴 쉴링/조만 옮김, 『무신론 시대의 하나님』 (서울: 현대사상사, 1982), 16.

적이 없었다. 해서 필자는 위탁받아 섬기는 양들에게 적어도 자기가 만든 하나님 상에 빠져 살아가는 불신앙인보다 못한 신자로 살아가게 하는 일체의 것들과 맞장 뜨라고 선포했고 나 스스로도 그 일념으로 달려가려고 몸부림쳤고 노력했다. 그리고 앞으로 남은 목회 연한도 마찬가지로 이것들과 계속 맞장 뜰 생각이다. 이번에 만난 저자의 책은 필자에게 산상수훈을 살아내는 것을 방해하는 일체의 세속적 이기성과 맞장을 뜰 수 있도록 다시 달리는 말에 채찍을 때려준 선생님이었다. 이 무시무시한 부담을 준 저자에게 진심으로 감사의 인사를 전한다. 그리고 결의해 본다. "내 삶이 곧 메시지다."

세 개의 길이 주어졌는데도
길을 찾지 못하는 이들을 위한 길라잡이

『오래된 새 길』(2012년)을 읽고

오래된 새 길이 말이 되나?

헬레나 노르베르 호지가 쓴『오래된 미래』를 읽게 된 이유는 승려 법정 때문이었다. 법정은 필자보다 먼저 읽은 이 책에서 인도 라다크 지방에서 참 가난하지만 행복한 삶을 영위하는 티베트인들의 삶을 적나라하게 소개했다. 그러나 유감스럽게도 지구상에 별로 남아 있지 않은 정말로 귀하고 아름다운 라다크 유토피아가 개발이라는 문명의 공격으로 인해 처참하게 디스토피아로 바뀌어져 가는 것을 안타깝게 고발한『오래된 미래』를 감동으로 읽었음을 피력했다. 필자는 인간이 어떻게 자연과 공생하며 살아야 하며, 또 그렇게 살아가는 것은 결국 인간이 자연을 보호하는 것이 아니라 자연이 인간을 보호하는 혜택을 유지하는 것이라는 역설의 교훈을 한 불교 성직자의 보고서를 접하면서 자존심이 상했다. 왜? 이때가 한참 4대강 개발에 정부가 눈이 벌게 전 국토에 삽질을 해대던 때였기 때문이다. 창조의 질서를 유지하고 하나님께서 주신 하늘과 땅을 보존해야 마땅한 당사자는 기독교인들이다. 그러나 이 삽질의 주창자가 개신교 장로였기에 개신교 목사로서 느껴야 했던 무척이나 절망스럽고 창피했던 그 감정의 골을 극복하기 위해서라도 호지의 『오래된 미래』를 읽어야겠다는 자존심이 발동했다. 결국 도전하며 다시 한번 내가 목사로서 무엇을 해야 하는 것인가에 대하여 곱씹고 재정비한 귀한 기회가 되었음을 지금도 기억한다.

종편에서 방영한 〈응답하라 ○○○○〉 시리즈가 전국을 강타했다. 원래 필자는 종편과는 친하지 않았지만 이 드라마에게는 굴복했다. 이 시리즈에서 과거 내가 살았던 공동체가 갖고 있었던 '사는 맛'을 대리만족으로 다시 찾을 수 있었기 때문이다. 그랬다. 그래도 80-90년대까지는 동네가 있었다. 이웃이 있었다. 골목이 있었다. 그러나 이제는 회색빛으로 도배된 굴뚝 집 같은 것만 도시에 보인다. 이웃집의 아픔이 바로 나의 아픔이었고, 나의 기쁨이 이웃들의 기쁨이었던 시절이 있었는데 지금, 여기에는 싸늘한 이기주의와 개인주의만이 창궐하고 있다. 호지의 외침대로라면 『오래된 미래』를 잃어버렸기 때문이다. 저자도 호지의 갈파를 염두에 두었는지 모르겠다. 이 책의 제목을 '오래된 새 길'이라고 했으니 말이다. 들어가는 말에 남긴 저자의 독백이 은은하다.

사람은 누구나 길을 찾는다. 늘 같은 길을 걷는 사람이라 해도 어느 순간 그 길이 낯설게 여겨질 때가 오게 마련이다. 짐짓 외면한 채 살아왔던 본래적 실존이 우리를 소환하는 순간이다(7).

저자의 이 말이 오래된 길을 직시하지 않는 한 새 길을 찾을 수 없다는 말로 필자에게는 들린다. '오래됨의 미학'을 소홀히 여기지 말하는 당부로 말이다. 저자는 이 책에서 '오래됨'을 무엇으로 정의하는가? 그는 말했다. 출애굽의 강령인 십계명과 예수 정신의 핵심인 주기도와 교회의 신앙고백인 사도신경이야말로 '도'를 찾는 자들인 그리스도인들이 천착해야 할 오래된 길을 제시할 이정표임을. 시인 이성복이 대학원생들을 대상으로 한 시 창작 강좌 수업 내용을 아포리즘 형식으로 정리한 『무한화서(無限花序)』에서 이렇게 적시했는데 가만히 음미하다보니 그의 말이 복음 중의 복음처럼 들려 메모했다.

> 우리는 시를 쓰면서도 언어를 불신해요. 불성실한 하인쯤으로 여기는 거지요. 언어는 우리보다 위대해요. 언어를 믿어야 언어의 인도를 받을 수 있어요.*

그렇다. 시인의 이 갈파를 접하다가 예수 그리스도의 도(道)를 따라간다는 신자들인 우리들도 유불리에 따라 그 도를 불신하며, 어느 경우에는 그 도를 내 삶의 부속물 정도로 여기고 있는 것은 아닌지 성찰했다. 예수 그리스도의 도는 내가 생각하는 도와는 비교할 수 없을 정도로 위대하기에 단순하지만 그 도를 진정성을 갖고 믿어야 그 도가 나를 철저히 인도한다는 것은 재론의 여지가 없는 정답이다. 이렇게 완벽한 도를 함축적으로 세 개로 정리한 저자의 글 여행에 동참해 보자.

---

* 이성복, 『무한화서』 (서울: 문학과지성사, 2015), 17.

열 개나 되나요?

먼저, 십계명 여행이다. 저자는 제 1계명을 이렇게 현대적 감각으로 조명한다. 포스트모던의 시대에는 모든 것이 신이 된다. 물질적 재화도, 섹스도, 인기도 사람들의 혼을 송두리째 사로잡는 신들이다. 그러나 그 신들 앞에는 반드시 붙여야 하는 한정사가 있다고 역설한다. '거짓'이라는 단어다. 신앙인들도 이 한정사가 붙어 있는 거짓 신들에게 붙잡혀 있다는 점에서 예외가 아님을 저자는 분명히 한다. 그 이유를 『세속 도시』의 저자인 하비 콕스의 일갈로 다음과 같이 답한다.

인간은 그의 삶을 위한 기구와 기술, 생활필수품을 생산하는 방법과
소유를 위한 분배 방법을 바꿀 때 그의 '신'까지도 바꾼다(19).

동의하지 않을 수 없는 오늘날의 현대판 다른 신들을 추구하는 우리들의 자화상이다. 이 길에서 과감하게 벗어나는 것이야 말로 제 1계명의 준수라고 선포한 저자는 우상이라는 단어의 폭력성을 먼저 지적한다. 예수 시대에는 성전이 우상이었다. 안식일이 우상이었다. 율법적인 도그마 자체가 우상이었다. 선민의식이 우상이었다. 바로 이 우상들 앞에서 예수는 온몸으로 저항하며 그 우상들을 깨뜨렸다. 우상을 파괴한 뜨인 돌을 바라보는 일이야 말로 제 2계명을 이루어가는 일임을 천명한다. 재독학자 한병철의 글을 읽다가 밑줄을 그었던 대목이 있었다.

모든 명령 체계, 모든 지배의 기술은 피지배자들을 예속시키기 위해

고유한 성물(Devotionalie)을 만들어 낸다. 성물은 지배 관계의 물질화로서 지배 관계를 공고히 하는 데 기여한다. 성물은 곧 예속됨을 의미하는 것이다. 스마트 폰은 일종의 디지털 성물이다. 아니, 디지털의 성물이 곧 스마트폰이다. 스마트폰은 묵주처럼 예속의 도구로 기능한다. 스마트 폰과 묵주는 모두 자기 검열과 자기 통제에 사용된다. 지배는 감시 업무를 개인에게 떠넘김으로서 효율성을 제고한다. '좋아요'는 디지털의 아멘이다. 우리는 '좋아요'를 클릭하는 순간 스스로 지배에 예속되는 것이다. 스마트폰은 효과적인 감시 도구일 뿐 아니라, 모바일 고해실이기도 하다. 페이스북은 디지털 교회, 글로벌한 디지털 시나고그이다.[*]

오늘의 우상은 최첨단의 극단으로 외연이 확장되었다. 한 교수의 지적대로 현대인들을 옥죄는 우상들은 단순한 모드가 아니라 이제는 가상의 세계에도 엄연히 존재한다. 그렇다면 오늘의 우상을 내 앞에 두지 말라는 제 2계명의 실천은 만들어진 우상은 물론 시대에 뒤처지게 만든다고 생각하는 일체의 것까지 척결해야 하는 무거움이 더해진 작금이기에 더욱 심란하다.

하나님은 자기 이름을 부정하셨다. 자기 이름을 이름이라는 명목으로 가두어 두기를 허락하지 않으셨다. 하나님에게 있어서 '나'는 '나'였다. 어떤 언어로도 규정할 수 없는 존재, 다만 피조물이 경험함으로만 알 수 있는 이름의 존재가 하나님이셨다. 그러므로 하나님의 이름을 자기의 욕망을 이루기 위해 부르는 자는 그분의 이름을 망령되게

---

[*] 한병철/김태환 옮김, 『심리 정치』 (서울: 문학과지성사, 2015년), 25-26.

하는 자임을 선포한 3계명의 해석은 명쾌하다. 연세대 교수를 역임한 박준서 박사는 제3계명의 신학적 의미를 이렇게 분석했다.

여호와의 이름을 망령되이 일컫는 행위는 하나님의 이름이 예배와 찬양과 경배의 대상이 아니라 인간적인 이익을 구하는 데에 사용되는 일체의 행위들을 말한다.*

박 교수의 해석에 동의한 이유는 저자도 자기의 욕망을 이루기 위한 필요충분조건으로 여호와의 이름을 부르는 약아 빠진 시대가 바로 오늘임을 지적한 것에 필자도 인정했기 때문이다. 그러기에 경솔하게 하나님의 이름으로 도용하고 빙자한 일체의 일들에 대하여 더욱 경종함으로 받아들여야 하는 시대의 계명으로 제3계명은 오늘 분연히 서 있어야 하는 것이 아닌가 싶다.

안식일은 저항이다

구약학자 월터 브루그만은 안식일에 대한 신선한 스펙트럼의 해석을 필자에게 주었다. 그의 지론은 안식해야 할 대상의 보편성을 지지한 것이었다. 그의 논거는 이렇게 진행되었다. 신명기 5:12-14절의 안식일 계명에 대한 현대적인 의미로의 해석인데 눈에 띈다.

네 하나님 여호와가 네게 명령한 대로 안식일을 지켜 거룩하게 하라

---

* 종교교재편찬위원회 편, 『성서와 기독교』 (서울: 연세대학교출판부, 1988), 64.

엿새 동안은 힘써 네 모든 일을 행할 것이나 일곱째 날은 네 하나님 여호와의 안식일인즉 너나 네 아들이나 네 딸이나 네 남종이나 네 여종이나 네 소나 네 나귀나 네 모든 가축이나 네 문 안에 유하는 객이라도 아무 일도 하지 못하게 하고 네 남종이나 네 여종에게 너 같이 안식하게 할지니라(신명기 5:12-14).

브루그만은 『안식일은 저항이다』에서 위에 언급한 구절인 신명기 5장 14절의 해석은 단순히 안식일을 지키라는 명령이 아니라 이 명령의 핵심이 애굽의 바로 정치와 폭력에 저항하라는 영적 의미가 더 크다고 해석했다. 이 해석은 신선했다. 애굽에서 종살이하던 430년 동안 히브리 민족은 애굽의 독재 권력과 기득권 권력의 정점이었던 파라오의 무소불위의 폭력에 의해 철저하게 인권이 짓밟혔다. 그들에게 부과된 것은 쉼이 없는 노동이었고 착취였다. 이로 인하여 히브리 민족에게 '쉼'이라는 것은 꿈의 이야기였다. 그러나 하나님이 이스라엘을 그곳에서 탈출하게 하셨다. 그들을 광야로 이끌어내셨고, 앞으로는 약속의 땅 가나안으로 들어가게 될 것을 예견하시면서 명령어로 적극적 순종을 유도하신 것이 제 4계명이다. 여기에서 주목할 명령의 요지는 이것이다. 안식일에 쉬는 대상은 너와 네 아들이나 딸들만이 아니라 "네 남종, 네 여종, 네 소, 네 나귀, 네 모든 가축, 네 문 안에 거하는 객"까지 너와 똑같이 쉬게 하라는 명령이다. 혁명적 선언이 보인다. 새로운 세계에서의 안식의 신학적 교훈은 평등한 안식이라는 점이 말이다.

안식일에 강요가 만들어내는 그런 차등을 깨부순다. 안식일에 하지 않아도 된다. 이 한날이 강요가 지배하는 패턴을 부수기 때문에 모든 이가 너와 같으며 평등하게 된다. 모든 이가 평등한 가치, 평등한 값, 평등한 접근권, 평등한 쉼을 누린다.*

다시 말해서 누구도 안식의 필드에서 피해를 당하거나 차별함을 당해서는 안 된다는 사실을 분명히 한 것이다. 그렇다면 안식일 계명의 참 목적은 사람을 살리기 위함이었고, 사람의 인권을 보장하기 위함이었다는 결론에 도출한다. 월터 브루그만과 소통했나 싶을 정도로 저자는 바로 이 점에 천착했다. 그는 안식일을 특정화하는 그때부터 참 쉼이 존재하지 않음을 역설했기 때문이다. 그러므로 안식일은 우리의 일상을 골고루 적용하여 영원에 비끄러매는 날로 정의했다. 하늘의 서기(瑞氣)에 몸을 맡기는 날이 되어야 함을 분명히 규정함으로서 안식의 신학적 조명을 통해 저자는 4계명을 견고히 했다.

저자의 10가지 계명 이해는 참 은혜롭다(?). 필자가 말하는 은혜는 보폭이 넓다. 왜? 부모의 봉양과 뜻 받듦은 부모를 넘어서는 성장이라는 5계명의 진정한 의미의 접근이 그렇게 했다. 어떤 형태이든 반자연, 반 생태에서 서지 말 것과 생명의 자연스러움을 거스르는 반생명의 자리에 있지 말 것을 권한 것이 바로 살인하지 않는 6계명의 실천이라고 정의한 것도 필자를 감동시키기에 충분했다. 탐닉과 집착이라는 죄의 올망에서 벗어나는 것이 7계명을 준수하는 방법이고, 8계명의 가장 중요한 일은 무슨 일이 있어도 사람 도둑질을 하지 않는 일이며 그러기 위해서는 노동의 중요성을 한시라도 잃지 않아야 한다는

---

* 월터 브루그만/박규태 옮김, 『안식일은 저항이다』(서울: 복있는사람, 2015), 88.

조명도 그랬다. 근래 표절과 글 베끼기가 양심이 마비될 정도로 무분별하게 도용되는 시대에 말이나 글에서 편법을 사용하지 않는 일은 신앙인이 지켜야 할 9계명이라는 해석도 탁월해 보인다. 그리고 우리 속에 내장되어 있는 욕망이 허구렁에 빠지지 않도록 탐욕을 버리는 일이야 말로 10계명을 지켜 나아가는 것임을 지적한 저자의 혜안은 무척이나 현대적이기도 하지만 반면 고루한 엄숙성을 동시에 전달해 주기에 조금도 부족함이 없어 보여 필자는 만족스러웠다.

mysterium tremendum 과 mysterium fascinans(두려움을 불러 일으키는 신비, 매혹적인 신비)

이제는 주님이 가르쳐 주신 기도로 들어가 보자. 워싱턴 한인 연합 교회를 시무하는 김영봉 목사는 기도의 교과서와 같은『사귐의 기도』를 썼다. 책에 아빌라의 성녀 테레사가 고백한 기도의 일탈을 소개하고 있다.

> 주인이신 하나님께 드리는 찬양의 노래와 고백인 기도가 노예를 부리는 명령으로 변질될 때가 너무나 많다.*

섬뜩한 찔림이 있다. 기도는 어딘가 저 위에 높이 계신 하나님께 뭔가 원하는 것을 달라고 울부짖는 것이 아니라, 우리의 내면 깊이 숨어 계시며 온 누리에 계신 하나님 앞에 머무는 것이다. 부산히 무언가

---

* 김영봉,『사귐의 기도』(서울: IVP, 2007), 15.

를 중얼거리며 외치는 것이 아니라 하나님 앞에 나아가 기다리는 것임이 기도인데 오히려 사생결단을 내리려는 듯한 엄포와 협박성 멘트로 하나님을 겁박하는 짓을 기도로 착각하고 있는 이 땅의 신앙인들이 얼마나 많은가? 목회를 하는 목사로 사는 필자는 그래서 매번 고민스러울 때가 많은 것이 사실이다. 이런 점을 염려하여서였을까? 기도를 가르쳐 달라는 제자들에게 의미 있게 알려주신 기도인 주기도문에 대한 해석에서 저자는 이렇게 시작한다.

> 하나님의 마음과 나의 마음이 하나 되기 위해 나를 조율하는 것이 기도이다(83)

저자는 이렇게 에벨링의 말을 인용하며 역설한다.

> 하늘이 있는 곳에 하나님이 계신 것이 아니라 하나님이 계신 곳이 하늘이다(92).

에벨링의 말을 통해 하늘은 누구에게도 독점되지 않는 곳이기에 아버지 하나님은 역시 누구에게나 독점되지 않으시는 모두의 아버지이심을 주기도문의 시작인 "하늘에 계신 우리 아버지여"에서부터 주님은 역설하셨다. 그 아버지는 누구에게나 아버지이시지만 그의 이름은 조직신학자인 루돌프 오토의 말대로 "두려움을 일으킬 신비의 이름이자, 매혹적인 신비인 거룩한 이름"*이다. 그러기에 그 이름은 거룩히

---

* 저자는 이 대목에서 거룩의 정의인 'mysterium tremendum'(두려움을 불러일으키는

여김을 받아야 한다. 하나님의 나라도 이 거룩한 곳에 임해야한다. 동시에 하나님의 나라는 우리 마음속에 임하는 나라이다. 그래서 우리는 하나님의 나라가 나의 마음에 임할 수 있도록 기도해야 한다고 전한다. 해서 저자는 하나님의 나라에 가기 위한 방법을 묻는 자들에게 이렇게 말한단다.

> 당신이 삶의 자리에서 천국에 가면 이것은 없을 것 같다는 것은 제거하며 살며 천국에 있었으면 하는 것은 삶에서 구현하며 사세요 (106).

뜻이 이루어지기를 원하는 기도는 아픔의 자리에서 세상이 바로 보인다는 가난한 자의 인식론적 시각처럼 하나님의 뜻도 아픔의 자리에서 내 신을 벗고 볼 때 보이는 것임을 인지하고 아픔의 자리로 내려가는 것임을 지적하는 저자의 갈파는 참으로 시의적절하다. 하늘을 품고 사는 자는 일상에서 사제가 된다는 말은 그래서 옳다. 친구가 있다. 신학교를 졸업한 이후 인천에서 도시빈민들을 위해 줄곧 이 사역을 감당해 온 친구이다. 그냥 일상의 전통적 교회에서 그럭저럭 평범하게(?) 목회를 해 온 필자는 감히 생각도 못하는 거친 목양이다. 노동자와 노숙자들과 함께 평생의 삶을 함께해 온 친구를 보면 멋있는 샹들리에로 치장되고, 여름에 시원한 에어컨 시스템과는 거리가 멀고, 잘 준비된 오케스트라와 어마어마한 합창단으로 구성된 완벽한 곡을

신비)과 'mysterium fascinans'(매혹적인 신비)를 이렇게 부연했다. "거룩은 '다름'에 대한 자각이지만 그것은 이상한 '근친성'을 느끼게 하는 다름이다"(김기석, 『오래된 새길』, 포이에마, 2012), 98.

소화시키는 성가대는 꿈에도 생각하지 못하는 열악하고 척박한 월세 건물에서 흐르는 땀과 친구하며 살지만, 도(道)를 추구하는 길 위에 서 있는 진정한 사제의 모습을 본다. 단 한 번도 그 친구의 삶에 대하여 감히 '라가'라고 비난할 수 없는 거룩성을 본다. 그리고 더불어 항상 난 그 친구 앞에서 작아진다. 왜 일까? 아마도 주일 예배에 세련된 넥타이를 매고 성도들 앞에서 거룩함을 폼 잡는 필자의 외형이 너무나도 초라하기 때문이리라. 친구를 보면서 저자가 말한 대로 "하늘을 품고 사는 자는 일상이 사제가 된다"라는 말뜻의 고리를 가장 지근하게 맺고 있는 친구의 거룩함을 도무지 나는 따라잡을 수가 없기 때문이다. 전술했듯이 친구에게 'mysterium tremendum'(두려움을 불러일으키는 신비)과 'mysterium fascinans'(매혹적인 신비)를 삶으로 보기 때문이다.

왜 주기도를 드리지?

일용할 양식을 위해 기도하는 것은 의례적인 기도가 아니라 생존의 기도이기에 중요하며 동시에 이 기도를 드리는 자는 양식의 소중함을 느끼며 밥을 나눌 수 있는 자가 되어야 한다는 말도 새기며 나누어야 한다. 양식에 대하여 잉여의 욕심을 갖는 자는 이 기도를 드릴 수 없는 자라는 저자의 에두름도 가슴을 치게 한다. 죄 용서의 기도가 중요한 이유는 용서하지 않으면 내가 살 수 없음을 가르쳐 주기 때문이고, "시험에 들지 않게 하옵소서"의 단말마적인 기도는 사람의 욕망이 이중적인 것을 꿰뚫고 있기에 주님이 행하라고 하신 기도임을 직시하게 해주기 때문이며, 나라와 권세와 영광이 아버지에게 있기를 소망하는 주께서 가르쳐 주신 마지막 기도의 압권이 세상 나라의 권세는 힘과 권력의지의 터전 위에 서 있지만, 하나님 나라의 권세는 지배와 조정을 통한 자유의 제한이 아니라 섬김과 나눔과 사랑을 통한 자유의 확대를 지향한다는 점을 알려주기 때문이다. 그래서 하나님 나라의 권세는 세속적 가치로 바라보면 항상 무기력해 보이고, 하나님의 나라의 정의는 항상 지는 것 같지만 역설적으로 항상 이긴다. 저자의 주기도문 해석이라는『오래된 새 길』의 조명 중에 필자에게 눈에 띄는 감동이 있었다.

> 주님이 가르쳐 주신 기도는 우리의 옛 삶에 대한 부정인 동시에 새 삶의 출발점이다. 우리가 이 기도를 진심으로 드린다면 '아멘 이전의 삶'과 '아멘 이후의 삶'이 같을 수 없다(144).

오늘 치열한 목회의 현장에 있는 현직 목사로서 조국교회가 무너져 내리는 동시대에 살고 있다는 것은 최고의 아픔이다. 어떻게 이렇게 되었지? 아니, 정말로 촛대가 옮겨지는 것이란 말인가? 방법은 정녕 없단 말인가? 이대로 속수무책으로 당하란 말인가? 기실, 자괴감은 어마무시하다. 그러다가 저자가『오래된 새 길』에 오롯이 담아 놓은 글감들이 지금 필자가 고민하고 있는 교회의 무너짐에 대한 회복의 대안이 될 수 있는 것은 아닐까에 침잠해 본다. 필자가 섬기고 있는 교회에는 세 가지 삶의 강령이 있다. ① 축도 이후에 더 집중하는 교회 ② 월요일부터 더 승리하는 교회 ③ 성서적 앎을 실천적 삶으로 이어가는 교회가 바로 그것이다. 가야 하지 않겠는가? 힘들다고 포기해서야 되겠는가? 이것이 주기도문에 담긴 뜻임을 필자 또한 알기에 말이다. "주여, 한국교회를 살려 주옵소서!"라고 외쳤던 고 옥한흠 목사의 기도를 나 또한 다시 드려본다.

주(主)인가, 주(主)와 같은 것인가?

마지막으로 저자가 언급한 사도신경을 노크해 보자. 저자의 사도신경을 풀어 보자. 그는 전능하신 하나님을 믿는다는 것은 세상을 부둥켜안고 계신 그래서 그 누구도 구원의 계획을 방해할 수 없는 능력의 하나님을 믿는다는 것임을 고지한다. 우리를 위해 끙끙 앓고 계신 하나님, 가부장적인 권위라는 것을 찾아보지 못하고 고샅길 돌고 돌아오는 못난 아들을 곰살 맞게 반겨주시는 하나님의 전능성을 믿는 것이다. 주 예수를 믿는다는 것은 이 땅에 주와 같은 일체의 것들을 배격한다는 것을 전제한다. 주와 같은 것들에게 주도권을 내주지 않는 것이 아들이신 주를 믿는 것이다. 동정녀 탄생을 믿는 것은 생물학적 차원의 이성을 들이대지 않고 예수의 근원이 그 이성을 초월하는 하늘의 주도권에 의한 탄생에 맞닿아 있음을 인정한다는 의미이다. 십자가에 못 박혀 죽으신 것을 믿는 것은 '나'라는 짐을 대신 짊어지시고 헐떡이고 있는 나를 사랑하시는 현재 진행형의 주군의 사랑을 믿는 것이다. 사흘 만에 다시 사신 것을 믿는 것은 주님께서 새 생명의 회임(懷妊)을 하시고, 죽어야 하는 나의 죽음을 제대로 다시 살게 해주신 혁명적인 은혜를 믿는 것이며, 하나님 우편에 앉아 계신 주님을 믿는 것은 예수께서 신적 위엄 가운데 역사에 대한 전권자로 등극하셨다는 것을 믿는 것이다. 무덤에 거하셨던 존재가 하나님의 우편 보좌까지 승화한 이 놀라운 반전은 하나님이셨기에 가능한 일이었다.

심판하러 오심을 믿는다는 것은 하나님의 길 위에 서 있는 모든 자들에게 구원으로의 재 초대를 위한 약속이기에 기실, 두려움의 오심이라기보다는 이 땅 위에서 오늘 우리들이 하나님의 뜻대로 올바르게 살 수 있도록 독려하시는 또 다른 사랑의 확증임을 받아들이는 것이다.

성령을 믿는다는 것이 무엇일까? 사람들이 만든 유사품 성령에 천착하는 것이 아니라 도리어 성령이 임한 곳에는 반드시 예수 그리스도의 사건이 현재화된다는 그래서 무기력한 생명이 다시금 움돋게 하는 시금석이 성령임을 믿는 것이라는 저자의 갈파에 박수를 보내고 싶다. 공회를 왜 믿어야 하는가? 교회는 다음의 소명이 있기 때문이다. 나의 온전하지 못한 자아를 서로 채워주는 곳, 나의 군더더기를 진리의 숫돌로 깎아주는 곳, 구원의 말씀의 담지자와 선포자로서의 동료들을 필요로 하는 소명 말이다. 죄 사함을 믿는 것은 그분의 용서하심을 믿는 것이며, 다시 사는 것을 믿는 것은 다음의 이것을 믿는 것이다. 저자의 이 서술을 읽으며 필자는 울었다.

> 우리는 신이 아픈 어느 날, 곧 예수께서 십자가에서 못 박히시는 그 날, 태어났다. 기독교인으로 살아간다는 것은 그 '신의 상처'를 함께 아파하는 삶이다(237).

그래서 이런 삶을 이 땅에서 살아가는 기독교인은 죽음의 그늘에서 살지만, 죽음을 믿지 않는다. 육의 부활을 믿는다는 저자의 갈무리가 아름답다. 마지막으로 영원히 사는 것을 믿는다는 것은 시간을 무한히 연장하여 산다는 것이 아니라 우리가 살든 죽든 하나님의 품에서 떠날 수 없음을 고백하는 것임을 저자는 토설한다.

내 만족인가? 하나님의 아픔 인지인가?

현장에서 목회를 하면서 제일 많이 내 개인은 물론 교우들과 씨름하는 것이 있다면 주와 같은 것을 믿는 종교적인 행위에서 주를 믿는 신앙적 행위로의 전환과 확정이다. 개인적으로 필자는 이 싸움을 하면서 거의 목회의 모든 정력을 쏟은 것 같다. 하나 더 불행한 예감이지만 앞으로도 계속 그럴 것이라는 예언(?)을 해본다. 오래 전, 신학교에서 구약을 가르치고 있는 절친한 친구에게 전화를 걸어 질문을 한 적이 있었다. 필자가 질문한 것은 금송아지 제조 사건에 관련된 것이었다. 모세가 하나님의 성산에 올라간 뒤, 40일 동안 두문불출하자 성질 급한 산 아래 이스라엘 신앙공동체의 무리들은 아론에게 모세를 더 이상 기다릴 수 없음을 고지하고 애굽에서 우리를 이곳으로 인도하여 낸 여호와 하나님을 만들 것을 종용하고 압박한다. 그들의 세력에 신변의 위협을 느낀 아론은 애굽에서 가지고 나온 여인들의 금귀고리들을 모아 금송아지를 만들었고 이것을 애굽에서 우리를 이곳까지 인도하여 낸 신이라고 지칭한 뒤, 금송아지에게 번제와 화목제를 드렸음을 출애굽기 기자가 보고한다. 이로 인하여 하나님은 분노하셨고 결국 산에서 내려온 모세는 들고 있던 돌 판으로 금송아지를 부서뜨리는 강제적 파괴를 시행한다. 이 기사에 담긴 핵심적 요체에 대하여 필자가 친구에게 질문한 것은 상투적인 것이 아니다. 사건 기사의 정황을 놓고 볼 때 하나님께서 자기를 만든 것에 대한 분노를 표출한 것이라는 점은 웬만한 목회자들이라면 쉽게 동의하기에 말이다. 요는 금송아지의 형상 앞에 모여든 이스라엘 신앙공동체가 행한 행위가 번제요 화목제였고, 물론 형상은 송아지의 형상이었지만, 그 형상의 상징은 이상한 종류의 잡신이 아니라 애굽에서 자기들을 인도하여 낸 여호와에 대한 분명한 인식을 가졌다는 점이었다. 그런데도 여호와께서 모세를 통하여 그 형상을 파괴한 것에 대한 약간의 의문을 해결하고 싶은 나머지, 구약을 연구하는 학자의 설득력 있는 답변을 듣고 싶어 친구에게 질문한 것이었다. 친구의 답은 필자의 무지를 깨우쳐 주는 나름 알짬이었다. 핵심은 '뛰놀더라'*라는 단어에 있었다(각주 참고). 필자는 친구의 답변을 통하여 중요한 사실을 직시했다. 기독교인으로 살아간다는 것은 내 욕망의 만족을 위하여 세워놓은 그리고 만들어놓은 헛된 것들에게서 춤추는 것이 아니라 하나님의 아픔을 같이 아파하는 삶으로의 돌이킴임을.

저자는 자신의 또 다른 저서에서 바로 이 대목에서 금송아지를 여호와로 섬기는 종교를 '아론의 종교'**라고 정의하면서 적어도 예수의 삶을 따라가는 그리스도인들은 아론을 종교를 뛰어넘는 영적 혜안이 절실하다고 요청했다. 오늘 내가 섬기고 있는 교회와 내가 아론의 종교에 함몰되어 있음에도 그것을 인정하지 않으려는 무감각에 빠져 있

---

* "이튿날에 그들이 일찍이 일어나 번제를 드리며 화목제를 드리고 백성이 앉아서 먹고 마시며 일어나서 뛰놀더라"(출 32:16)에서 번역된 '뛰놀다'의 히브리어 동사 '레차헤크'는 당시 근동의 이방의 우상 신들의 제사에서 흔히 보던 혼음 축제의 난교를 말할 때 쓰이는 단어라는 해석이다. 다시 말하면 모세가 시내 산 아래에 내려와 금송아지 앞에서 번제와 화목제를 드리고 있는 이스라엘은 난교의 이방 축제를 벌이고 있음을 보았다는 것이었다. 한세대 구약학 교수인 차준희 교수는 이렇게 진단했다. 이름은 여호와께 드리는 제사였지만 이미 그 제사는 철저한 우상의 한 판이었다고.

** 김기석 목사는 자신의 저작인 『광야에서 길을 묻다』라는 출애굽기 해제 설교를 통해 아론의 종교의 특색을 다음과 같이 정의했다. ① 하나님의 시간을 기다리지 못한다. ② 보이는 것을 의지하려고 한다. ③ 그들이 믿는 하나님은 욕망을 비우도록 돕는 분이 아니라 도리어 그 욕망을 채우도록 하는 존재이다. ④ 희생을 절대로 원하지 않는다(김기석, 『광야에서 길을 묻다』, 꽃자리, 326-327).

는 것은 아닌지 소름 돋도록 경성해 본다.

"저들이 나를 변화시키지 못하게 하려고"

저자의 『오래된 새 길』에서 한국교회의 미래를 보았다면 큰 과장
일까? 그래도 할 수 없다. 이 정도의 영적 가치관, 수준 높은 기독교인
의 삶의 길 그리고 실천하는 동사형 그리스도인의 삶을 살 수만 있다
면 그 꼭짓점에 한국교회가 다시 일어설 수 있는 마스터키가 있지 않
을까 싶다. 필자는 저자의 글 중에 인용한 엘리 위젤의 『팔티엘의 비망
록』 서문을 섬기는 교우들과 나누며 그리스도인의 영적 자존감으로
공유하자고 선언했다. 곱씹고 또 곱씹어도 요즈음 아이들 말대로 심
쿵하게 하는 전율을 준다.

자스트 맨들 중 하나가 소돔에 왔다. 소돔 사람들을 죄와 벌에서 구하
기 위해서였다. 그는 밤낮으로 거리와 시장을 돌아다니며 탐욕과 도
둑질, 거짓과 무관심을 버리라고 설교하였다. 소돔 사람들은 그의 말
을 듣고 빈정거리며 웃었다. 얼마 안 가서는 그의 말을 듣는 사람들조
차도 없어졌다. 그는 이미 소돔 사람들에게 흥미의 대상도 되지 못하
였다. 살인자는 계속 살인했고 현명한 사람들은 계속 침묵을 지켰다.
자스트 맨이라는 존재는 없는 것과 다름이 없었다. 어느 날 불행한
선생을 동정하고 있던 한 아이가 선생에게 다가와서 '불쌍한 이방인
이여, 암만 소리를 지르고 외쳐 보아도 아무 소용이 없다는 것을 모르
십니까?' 하고 물었다. '알고 있단다.' 자스트 맨이 대답했다. '그런데
왜 계속하십니까?' '왜냐고? 곧 처음에는 내가 사람들을 변화시킬 수

있다고 생각했었단다. 하지만 지금은 그럴 수 없다는 것을 알게 되었
단다. 그럼에도 내가 지금까지 소리를 지르고 있는 것은 사람들이 나
를 변화시키지 못하도록 하기 위해서란다.[*]

저자인 김기석 목사의 건강을 빌어 본다. 그래야 계속해서 타다 남
은 검게 그을린 마른 장작나무 같은 나 같은 못난 사람이 계속 빌어먹
을 수 있기 때문이다. 참 이기적이다. 나란 사람은.

---

[*] 엘리 위젤/배현나 옮김, 『팔티엘의 비망록』(서울: 도서출판 주우, 1981), 9.

시를 노래하지 않으면서 어떻게 구도자가 되겠다는 것인가?

『행복하십니까? 아니오, 감사합니다』(2013년)를 읽고

내가 영화를 봤나!

아주 오래 전, 아내와 연애하던 시절에 영화 〈미션〉을 보았던 기억이 있다. 여자 친구와 데이트를 하던 때라 민감한 감수성을 가지고 있던 극점의 시기였다고 하더라도 그 영화의 감동은 지금도 잊을 수가 없다. 영화 음악의 거장인 엔리오 모리꼬네의 '넬라 판타지아'의 감동을 비롯하여 영화를 수놓고 있는 수많은 OST들을 잊을 수가 없어서 필자는 아직도 당시에 구입한 LP로 빈번히 음악 감상에 젖을 때가 많다. 그의 음악과 더불어 영화의 한 대사를 평생 잊지 못할 문장으로 여겨 개인적인 목양의 현장에서 좌우명처럼 쓰고 있다.

"힘이 정의라면 사랑이 설 자리가 없다."

포르투갈 정부의 과라니 부족 말살에 대항하여 물리력으로 맞서 자는 멘도사(로버트 디느로 분) 신부에게 당시 과라니 부족의 담임 사제 였던 가브리엘(제레미 아이언스 분) 신부가 거절하며 십자가를 들고 맨 몸으로 행진하기에 앞서 했던 대사이다. 그는 결국 당시의 물리력에 의해 장렬한 순교를 당하지만 그가 남긴 이 촌철살인의 문장은 필자 의 목회철학에 적지 않은 영향을 주었다.

처녀 단독 목회 시절, 〈쇼생크 탈출〉을 보았다. 거의 대부분의 젊 은 목회자들이 신학교를 졸업하고 열악한 목회의 환경에 배치되어 사 역할 때 겪는 물질적인 궁핍함과 앞날의 불투명한 비전으로 인해 낙 심하던 시기였기에 그랬는지 필자에게 그 영화는 참 많은 힘이 되어 주었다. 주인공 앤디(팀 로빈스 분)가 감히 상상할 수 없는 20년간의 벽 파기에 성공하여 자유의 몸이 된 뒤, 복역 동료였던 레드(모건 프리 먼 분)가 교도소에서 만기 출옥하여 약속한 장소에서 만나는 해피엔딩 은 반전이었다. 교도소에서 끝까지 자신은 탈옥할 것이라고 에둘러 동료인 레드에게 피력하면서 나누었던 앤디의 대사는 참 많은 세월이 흘렀는데도 귀에 생생하다.

"희망은 좋은 거예요. 가장 소중한 것이죠. 좋은 것은 절대로 사라지
지 않거든요."

감동적인 영화 한편의 명대사는 이렇게 관객 누군가에게 평생을 되새 김질하는 명언으로 남겨지기도 한다. 막상 그 감동을 받은 사람은 그 로 인해 인생의 반전을 기하기도 한다. 책을 덮었다. 그리고 한 동안 책에서 빠져 나오지 못했다. 전술한 영화 두 편을 보았을 때의 그런

감동이 되살아나는 기분이라고나 할까! 한참 동안 멍했다. 그리고 조금 감정을 추스른 뒤에 훗날 목회를 하는 아들이 볼 책이기에 습관적으로 남기는 짧은 후기를 책 후면에다 이렇게 기록했다.

어찌할까, 이 감격과 감동들을! 아들아, 저자의 지성적 영성을 깊이 본받기를 기대한다. 2013. 6. 8. 주일을 예비하는 날 저녁에.

2006년 『속빈 설교 꽉 찬 설교』라는 제하의 설교 비평서를 신학교 선배인 정용섭 교수가 출간했을 때 김기석 목사를 가깝게 만났다. 사실은 그때까지만 하더라도 필자에게 있어서 김기석 목사는 미지의 사람이었다. 그러나 너무나도 격한 어조로 대한민국 최고의 인지도를 갖고 있는 목사들에 대하여 가차 없이 비판하던 서슬이 시퍼런 선배의 독설 중에 유독이 김기석 목사에 대한 비평에 대해서는 순한 양처럼 변한 모습을 보면서 그에 대하여 궁금해졌다. 이후 김기석 목사의 설교와 책은 어느 새 나의 관심사 되어 버렸다. 지금부터 글감을 함께 나눌 『행복하십니까? 아니오, 감사합니다』(이하 『행복, 감사』로 표기) 역시 필자의 굶주린 영적 배고픔의 먹잇감이 된 것은 재론의 여지가 없다. 저자는 글을 시작하는 말머리에 디트리히 본회퍼의 이야기를 인용한다.

오늘날 교회가 고대 교회와 달리 시편을 잘 사용하지 않게 되면서 비할 바 없는 보물들이 시편과 함께 교회에서 사라졌습니다. 그러나 우리가 교회에서 다시 시편으로 기도하기 시작한다면 상상할 수 없는 힘이 교회 안으로 들어오게 됩니다.*

그의 말 대로 시편의 편린(片鱗)들을 묵상하며 선포한 이 책에서 필자는 새로운 힘을 얻었다. 이것은 책을 구입할 때 지불되는 책값이 너무 초라해 보일 정도의 가치와 은혜의 보물들이었다. 미리 말해두거니와 저자는 구약 성서해석자들처럼 시편을 주석하지 않았다. 단지 묵상했다. 아, 그렇다고 시편서의 이해가 상업적인 부흥사들의 값싼 해석과도 같은 장터 수준일 것이라고 이해하지는 마시라. 그의 시편서 묵상은 깊은 신학적 통찰을 전제하고 있으니 말이다. 다만 신학교 교수들이 집요하게 물고 늘어지는 그런 아카데믹한(?) 언어가 아닌 가장 쉬운 언어로 독자들에게 감동을 주는 글들을 선사하고 있다. 그래서 그랬나, 언론인 손석춘은 저자를 대한민국에 존재하는 목사 중에 "가장 아름다운 한국어로 설교하는 목사"*라고 저자의 또 다른 글인 『아슬아슬한 희망』의 출간 추천사에서 극찬했다. 『목사는 목사의 설교에 은혜 받지 못한다』라는 별로 바람직하지 못한 상용구가 있다. 이것을 보란 듯이 뒤엎는 감동이 이 글 속에 있다. 이런 이유 때문에 필자 역시 저자를 빗대 '영혼을 울리는 감동의 글쟁이'라고 표현하는데 조금도 주저하지 않는다.

부대낄 현장이 있는가?

『행복, 감사』는 무작위로 선정된(물론 저자는 청파교회에서 설교하기 전, 본문 선택을 심사숙고 했을 것임) 시편을 소개한다. 저자는 메마른 영

---

* 디트리히 본회퍼, "본회퍼의 시편 이해", 32(김기석, 『행복합니까? 아니요, 감사합니다』, 서울: 꽃자리, 2013), 9. 재인용.
* 김기석, 『아슬아슬한 희망』(서울: 꽃자리, 2014), 5.

혼을 적셔주는 따뜻한 햇살이 비치는 감성의 언어들로, 약한 자들이 당하는 시련과 억울함을 신원(伸冤)하는 사자의 포효를 보여준다. 동시에 극단적인 진보의 길로 나가거나 그렇다고 해서 다른 사람의 이야기를 듣기를 거절하는 불통의 수구적 길로 나가는 것이 아니라, 아주 엄격한 말씀을 통한 말씀의 해석을 토대로 시인이 그 시대에 이야기하고자 했던 텍스트인 'What did it mean?'을 적나라하게 소개한다. 또 다른 한편으로는 그 시인의 토로함이 오늘을 사는 그리스도인이라는 이름으로 살고 있는 우리들에게 어떤 의미를 부여하고 있는지에 대한 'What does it mean?'의 콘텍스트로 확장시킨다. 이런 이유 때문에 책을 읽는 내내 긴장하지 않을 수 없었다. 필자는 목회를 하는 현직 목사라서 그런지 고집스러운 촌스러움이 있다. 그것은 신학적 성찰과 이론적 혜안이 아무리 뛰어난 혁명적 발상이나 주장의 발견이라고 해도 그것은 반드시 현장과 연결되어야 한다는 촌스러움이 바로 그것이다. 필자는 지천명의 나이에 교회를 개척하는 목숨 건 도발(?)을 한 뒤에 교권적인 다툼이 있는 정치적인 모임이나, 헤게모니 쟁탈전이 벌어지는 일체의 그룹에서 탈퇴했다. 그리고 오로지 목양의 현장을 지키며 위탁해주신 양들을 돌보며 9년을 달려왔다. 그러나 그럼에도 불구하고 개척 이전, 교단의 중진 교회의 담임자로 사역할 때부터 교회 개척 이후까지 끝까지 손을 놓지 않은 유일한 외부활동이 하나 있는데 '바른 교회 아카데미'(이후 '연구소'라는 이름으로 호칭함 ─실은 연구소는 아니지만) 회원으로 활동하는 것이다. 이 모임은 교회 부흥을 위한 모임이 아닌, 교회의 건강성을 위해 머리를 맞대는 모임이다. 그렇게 약 12년이라는 세월을 이 모임과 함께했다. 그러나 근래에 이 사역도 손을 놓아야 하는 것인가에 대해 심각하게 고민하고 있다. 이유는 단 하나이다. 연구소의 사역이 자꾸만 아카데미즘에 천착하는 모양새이기 때문이다. 탁월한 신학적 지성을 근거로 하여 한국교회의 문제점을 진단하고 그 진단을 통해 교회의 현장에서 바른 교회를 만들어가는 대안들을 제시하기 위해 만들어 놓은 연구소가 해를 거듭할수록 신학교 교수들의 지성과 신학적 우월함을 드러내놓고 향연하는 경연장이 되는 느낌 때문이다. 그래서 필자에게 바른 교회 아카데미 창립 10주년에 즈음하여 태동 멤버로서 회지에 글을 써달라는 원고 청탁이 있어 속에 있는 마음을 내놓았다. 제 글이니 글의 일부를 소개한다. 바른 교회 아카데미에 드리는 제언 성격의 글이다.

총론은 있는데 각론이 없다. 아니, 이렇게 말하면 어떨까? 텍스트는 있는데 콘텍스트는 보이지를 않는다. 이론은 있는데 현장이 없다. 조금 더 도발적으로 도전한다. 바른 교회 아카데미의 존재 목적이 무엇인가? 교회를 위함인가? 신학의 진보를 위함인가? 아프지만 한 발 더 나아간다. 교회의 현장은 액체가 흥건한 곳이다. 목회자들의 눈물과 땀과 피가 떨어지고 있기 때문이다. 필자만의 주관적 감상이라고 공격하면 그냥 당하겠지만, 순교적인 각오가 없으면 버티기 어려울 정도로 싸늘한 곳이 목양의 현장이다. 총론은 각론을 위한 전이해이다. 텍스트는 콘텍스트의 승리를 위한 교두보이다. 이론은 현장 때문에 연구해야 할 총론이다. 그렇다면 바른 교회 아카데미는 아카데미즘을 자존감이라고 치부하며 총론, 텍스트, 이론에 묶여 있어서는 안 된다. 그 아카데미즘의 결론은 항상 현장성의 연결이어야 한다는 말이다. 필자는 안다. 아카데미즘에 천착하고 있는 자들이 한 발자국도 뒤로 물러서지 않을 것을. 지난 모임 중에 연구위원 한 분으로부터 사석에서 지나가는 말로 들은 이야기가 공명되어 울린다. '목회자들과는 대화가 되지 않는다는 것을 알았다. 이럴 바에야 나누는 것이 지혜로운 것 같다.' 100%, 경우에 따라서는 1,000% 동의하고 지지한다. 이럴 바에야 차라리 헤어지자. 그것이 같은 입으로 운을 떼며 서로가 교회를 위해 노력하고 있다는 쌍방이 언급하고 있는 한국교회를 위해 훨씬 더 지혜롭다고 필자도 인정하기 때문이다. 엔도 슈사쿠의 『깊은 강』의 주인공인 오쓰가 프랑스 떼제에 있는 신학교에서 이방인으로 취급되어 신학교에서 나가라는 협박을 받을 때 그가 했던 말이 가슴을 때린다. '나는 그분에게서 나갈 수 없습니다. 그분이 나를 붙잡고 있기 때문입니다.' 그분에게 붙들려 있음은 목회자는 물론 신학교 교수도 변하지 않는 자기 존재의 이유이다. 그렇다면 각자의 필드에서 그분의 요청하심에 진정성을 갖고 한국교회를 위해서 헌신하는 것이 더 정직한 그리스도인들의 스티그마이지 않을까 싶다. 이럴 바에야 차라리 헤어지는 것이 낫다.*

현장을 도외시한 학문은 지성적으로는 최고의 극점에 도달할지 모르지만 필자의 판단으로는 극단적 이기성에 불과하다. 모 교단에 속해 있는 젊은 목사를 안다. 그가 네덜란드 캄펜 신학교로 학위를 따기 위해 유학을 떠나면서 했던 말이 참 감동이었다.

목사님, 저는 박사 학위를 따러 유학을 가는 것은 아닙니다. 학위가 영혼을 구원하는 것은 아니지 않습니까? 부족함을 메우고 오겠습니다.

---

* 이강덕, "차라리 이럴 바엔 헤어지자", (바른교회 아카데미 저널 「좋은 교회」 6월호, 2016).

이런 인재들이 한국교회에 더 많아지기를 바라면 욕심일까? 저자의 글로 돌아가자. 저자의 글에 깊은 동의와 감동을 받은 이유는 현장성이다. 그러나 결코 신학적으로 미천하지 않다. 저자의 심오한 신학적 성찰과 인문학을 기초로 한 탄탄한 시편 해석 그리고 어떤 의미로 필자에게 많은 점수를 줄 수밖에 없도록 하는 현대적 감각의 균형 잡힌 성서 해석의 현장화에 감탄을 금할 길이 없다. 재론하지만 이 책에 수록된 저자의 40개 시편 묵상은 깊은 영성과 해박한 지성 그러나 균형 잡힌 내공이 없이는 도저히 해석할 수 없는 질 높은 시편 주해의 감동이 기록되어 있다. 해서 필자는 숨이 가쁜 상태에서 매 장을 읽어갔다. 그리고 어김없이 나를 실망시키지 않는 감동의 글들이 엄습할 때마다 놓치지 않기 위해 그의 글을 다잡이 했다.

없던 시절이 더 없이 그리워지는 이유

저자는 시편을 영혼의 노래라고 정의한다. 해서 5개의 꼭지로 이루어진 매 장마다 '영혼'을 명제로 삼고 있다. 지면의 한계 때문에 각 장에서 가장 필자가 가장 감동의 진동을 크게 느꼈던 것들을 부분적으로 소개하는 것을 이해해 주기 바란다. 첫 번째로 영혼의 발신음을 들어보자. 시편 4편을 조명하는 저자는 이렇게 노크한다.

우리가 정말로 조심해야 하는 것은 사람을 함부로 규정해 버리는 것이다. (중략) 분리의 장벽은 팔레스타인 땅에만 있는 것이 아니다. 세상에는 '우리'와 '그들'을 가르는 수많은 경계선이 있다(15).

연세대학교 연합신학대학원에서 TH.M 학위 과정을 할 때, '구약 석의'를 당시 대한성서공회 총무를 역임하신 민영진 박사께서 강의했다. 그의 강의 전반은 구약의 포괄적 해석이었다. 보수적인 성향의 신학교를 졸업한 필자는 한 번도 접해 보지 못했던 성서의 세계에 발을 딛는 경이로움을 경험했다. 그동안 주입되었던 나의 뇌 구조 속에는 친이스라엘, 반팔레스타인이라는 틀이 박혀 있었다. 그랬던 나에게 민 박사의 강의노트는 벼락이었다.

> 그 날에 애굽에서 앗수르로 통하는 대로가 있어 앗수르 사람은 애굽으로 가겠고 애굽 사람은 앗수르로 갈 것이며 애굽 사람이 앗수르 사람과 함께 경배하리라 그 날에 이스라엘이 애굽 및 앗수르와 더불어 셋이 세계 중에 복이 되리니 이는 만군의 여호와께서 복 주시며 이르시되 내 백성 애굽이여, 내 손으로 지은 앗수르여, 나의 기업 이스라엘이여, 복이 있을지어다 하실 것임이라(이사야 19:23-25).

이 본문 텍스트를 갖고 석의하던 민 박사께서 불을 뿜던 사자후가 서평자의 노트에 다음과 같이 소복이 쌓여 있다.

> 대한민국의 하나님은 북한의 하나님이며, 하나님의 이름으로 이스라엘과 미국이 공격하고 있는 레바논과 이라크에 대하여 하나님은 내장이 끊어지는 마음으로 신원하며 아파하시고 있으며, 부유한 자들의 대변인 노릇을 하며 가난한 자와 구분 짓고 있는 한국교회를 향하신 하나님의 뜻은 분노하심이다.

10년 전, 성지순례라는 이름으로 방문한 '나사렛'에 펼쳐진 거대한 담들을 보며 '이곳이 인류의 죄를 십자가라는 도구로 헐어버리셨던 예수께서 자라나신 땅인가?' 하며 장탄식에 젖었던 적이 있었다. 기실, 저자의 말이 맞다. 분리의 장벽이 어찌 팔레스타인 자치 구역과 이스라엘인의 거주 지역에만 있겠는가? 내가 만든 분리의 담들이 수없이 존재하고 있는, 내가 바로 담 자체인데. 시편 46편은 하나님은 우리의 피난처가 되시며 우리의 힘이 되신다고 고백한 시인의 읊조림이 항상 은혜로 다가오는 노래이다. 하나님이 나의 피난처가 되신다는 실 경험을 이렇게 소개한다.

　　1960년대 새벽기도가 끝나 모두가 돌아가고 아침 햇살이 창문으로 들어와 비출 때 교회 안을 살펴보면 군데군데 마룻바닥에 눈물자국이 얼룩져 있고 그 눈물은 모두가 얼어 있었다(32).

　저자는 가난하고, 쪼들리고, 추웠던 시절 그래도 교회에는 이런 소박한 성스러움이 있었다는 것을 추억한다. 어디 이것이 저자의 추억에만 남아 있는 거룩함이랴! 필자가 섬기던 고향 교회에서도 정도의 차이는 있겠지만 이러한 추억의 잔상들을 추억하라면 지천이다. 참 가난했지만 아름다웠던 말거리들과 글거리들이 있었던 고향 교회의 모습이 왜 오늘 그리고 지금은 보이지를 않는가? 이유야 다양하겠지만 교회가 너무 부유해졌기 때문이리라. 부족함 때문에 감사가 넘치고, 연약함 때문에 서로가 더 하나가 되었던 바로 그 시절에 교회는 영혼의 피난처임에 틀림이 없었다.
　서울의 모 군인교회에 다니는 아내의 친구가 있다. 그녀가 다니는 교회는 장교들이 많이 다니는 교회로 유명하다. 친구가 지방에 있다가 남편이 서울로 인사이동이 되어 지금의 교회를 나가게 되었는데 구역예배를 교회에서 매주 드리는 것에 대하여 처음에 적응이 안 되었음을 토로하는 말 중에 가정에서 드리는 구역예배가 교회로 장소를 옮겨지게 된 이유가 집을 공개하기가 싫은 것임을 듣게 되었다. 이런 교회의 공동체성의 무너짐이 극단적 이기주의, 가족주의 그리고 소그룹의 님비라는 사실에 못내 씁쓸한 심정을 갖는 것은 촌 동네에서 목회하는 목사의 철없는 장탄식인가! 왜 이 지경이 되었는가를 곱씹으면 씹을수록 가난했던 옛날이 더 그리워지는 것은 철없는 목사의 트집처럼 보여 아프다. 불편한 것은 조금 더 못 견디는 시대, 손해 보는 것을 손톱만큼도 허락하지 않는 시대, 극단적인 이기주의, 가족주의가 마치 하나님의 선물인양 착각하는 시대, 섬기기 위해서 그리고 자기를 부인하기 위해 오신 주님이 설 자리가 그래서 오늘 한국교회에는 단 한 평도 보이지 않는 것은 너무나 당연하다. 그래서 그런지 없던 시절이 더 그리워진다. 차디찬 교회당 마룻바닥에 엎드려 새벽에 눈물을 흘리시던 어머님의 눈물기도가 더 그리워진다.

1,000m 달리기를 100m 달리기보다 잘 해야 한다

시편 37편의 교훈은 하나님 백성에게 요구하시는 영적 지구력이다. 시인은 이렇게 선포한다.

악한 자들이 잘 된다고 해서 속상해 하지 말라. 불의한 자들이 잘 산다고 해서 시새워하지 말라(시편 37:1).

사실, 예수 안에 있는 자들이라고 해서 세속적 가치에 함몰되어 살아가는 자들에 비해 특별히 뛰어나거나 안전하지 않은 것이 아프지만 이제는 상식과도 같은 일반의 내용이다. 이로 인해 하나님께 항변하며 예수 믿는 것으로 무슨 대가를 요구하는 천박한 신자들이 비일비재하다. 신앙의 목적이 눈에 보이는 것에 대한 성공이 아닌데도 말이다. 저자는 37편의 시인의 고백에 따라 그래서 중요한 통찰을 제시한다.

> 오뚝이를 가리켜 '부도옹(不倒翁)'이라고 한다. 오뚝이가 타력에 의해 넘어져도 엎드려 있지 않고 벌떡 일어설 수 있는 이유는 무게 중심이 아래쪽에 있기 때문이다. 신앙인의 무게 중심은 흔들리지 않는 터전이신 하나님이 되어야 한다. 그래서 시인은 의인의 발걸음이 흔들리지 않는 것은 '그의 마음속에 하나님의 법'이 있기 때문이라고 말했다(53).

저자는 이 통찰을 다른 지면에서 이렇게 표현한 적이 있었다.

> 믿음은 밑힘이다. 굳이 한자로 바꾸자면 저력(底力)이다. 하나님의 사람은 모두가 절망의 탄식을 내뱉을 때 희망을 노래하는 사람이다. 캄캄한 어둠 속에서 한 줄기 빛을 보아내는 사람이다. 모두가 더 일어설 수 없을 것이라고 말할 때 다시 몸을 일으키는 사람이다(70).

박수를 보내고 싶은 대목이다. 얼마나 수준 높은 신앙인의 가치인가! 필자는 학창 시절, 단거리에 능했다. 반면, 장거리는 죽을 썼다. 순발력은 100점인데 지구력은 빵점이라는 말이다. 목사가 되고 나서 이것이 얼마나 큰 단점인 줄을 알았다. 목사는 순발력이 좋으면 좋겠지만, 나빠도 그리 큰 문제가 되지 않는다. 도리어 머리가 잘 돌아가는 현대 교인들의 뇌 구조 안에는 조금은 어리숙한 목사를 더 선호하는 것을 목회의 현장에 들어와서 깨달았다. 그러나 지구력이 약하면 목사의 길에 들어서는 것을 재고할 필요가 있다고 필자는 주관적이기는 하지만 주장한다. 목회의 현장은 산고의 해산이 있는 곳이다. 내 대에서 무언가를 이루려고 하는 성급함이나 조바심을 갖게 되면 그르치기 십상이다. 오히려 묵묵히 기다리는 것이 목회의 현장이다. 몇 년 전, 헤밍웨이 문학상과 전미 도서 상을 수상한 작가 하진의 장편 소설『기다림』*을 읽었다. 책을 덮으면서 두 여인을 생각했다. 수위와 우만나 중에 누구에게 기울어져 독서를 했나를 말이다. 같은 기다림 같지만 전혀 다른 느낌의 한 남자를 기다리는 그녀들을 보면서 나는 어떤 기다림을 옹호하는 이기심을 갖고 있는가를 말이다. 착념 끝에 수위에게 표를 던졌다. 그러면서 나는 내가 목사라고 한다. 실 웃음으로 나의 남성적 이기심에 타작을 했다. 어떤 것의 실체나 목표를 기다린다는 것은 아름다운 일이다. 기다림의 과정은 살아 있다는 증거이고, 흔들리지 않는 올곧음이 내재되어 있는 공통점이 있기에 말이다. 그러기에 신앙인의 길은 부도옹이 맞다.

생각하는 신앙이 파열할 때 울어야 한다

두 번째 꼭지인 '영혼의 파열음'에 들어가 보자. 저자는 시편 111

---

* 하진/김연수 옮김,『기다림』(도서출판 시공사, 2013).

편을 소개하며 시인의 깊은 사색에 박수를 보내고 있다.

> 주님께서 하시는 일들은 참으로 훌륭하시니, 그 일을 보고 기뻐하는
> 사람들이 모두 깊이 연구하는구나(시편 111:2, 표준새번역).

필자도 "깊이 연구하는구나!"에 필이 꽂혔다. 오늘 내가 사는 시대의
비극은 가벼움이 아닐까? 너무 얕다. 깊이를 찾아볼 수가 없다. 천박
하다. 마치 종편에서 만들어내는 개그맨들의 억지웃음과도 같은 유감
이 있다. '왜 이렇게 깊이가 없지?' 하고 질문할 때, 나 스스로에게 내
뱉는 말은 공부하지 않기 때문이라는 답이다. 공부가 무엇일까? 사유
하려고 노력하는 것이다. 눈에 보이는 것에 목숨을 걸지 않고 그 이면
에 있는 것의 귀함을 찾아내는 것이다. 몇 년 전에 읽었던 IT 계통에서
선구자라는 칭송을 받고 있는 니콜라스 카의 『생각하지 않는 사람들』
을 보면 저자의 아이러니한 고발을 볼 수 있다.

> 나의 뇌는 굶주려 있다. 뇌는 인터넷이 제공하는 방식으로 정보가 제
> 공되기를 바랐고, 더 많은 정보가 주어질수록 더 허기를 느끼게 된
> 것이다. 나는 컴퓨터를 사용하지 않을 때조차도 이-메일을 확인하고,
> 링크를 클릭하고, 구글에서 무언가를 검색하고 싶어 했다. 나는 누군
> 가와 연결되고 싶어 했고, 마이크로소프트 워드는 내게 살과 피와 같
> 은 워드프로세스가 되었고, 인터넷은 나를 초고속 데이터 처리기기
> 와 같은 물건으로 바꾸어 놓았다. 나는 마치 인간의 모습을 한 기계처
> 럼 변해가고 있었다. 나는 이전의 뇌를 잃어버린 것이다.*

그의 말대로 컴퓨토피아를 꿈꾸는 세상에는 사유가 있을 수 없다. 삶에 대한 공부가 존재하지 않는다. 사정이 이러니 하나님에 대한 묵상은 박물관 이야기이다. 문제는 이런 사색이 없는 세계는 죽어 있는 세계라는 점이다. 저자는 이렇게 갈파한다.

자기가 누리고 있는 것을 당연하게 받아들이기 시작할 때 영혼의 타락이 시작되는 것이다(102).

주군을 깊이 사색할 때, 지금의 내가 서 있는 오늘 내 삶의 영역이 하나님의 방법이 아님을 알 수 있다. 해서 하나님의 방법으로 지금의 랜덤을 돌리기 위해 항거하며 살게 된다. 그것은 그리스도인들이 공부할 때 주어지는 하나님의 은총이다. 시편 25편을 저자는 소개한다.

주님, 주님의 길을 나에게 보여주시고, 마땅히 내가 가야할 그 길을 내게 보여주소서(시편 25:4, 표준새번역).

이 말씀의 밑으로 내려가면 은혜의 샘물이 지천이다. 왜? 주님이 알려주시는 길만이 내가 갈 길임을 역설해 주기 때문이다. 저자는 도스토예프스키의『카라마조프 씨네 형제들』에 기록된 이반의 말머리를 붙들며 한마디 건드린다.

신이 존재하지 않는다면 모든 것이 허용된다(175).

---

* 니콜라스 카/최지향 옮김, 『생각하지 않는 사람들』(서울: 청림출판사, 2014년), 36.

이 말은 참으로 무서운 말이다. 하나님이 길을 가르쳐주지 않으면, 아니 가르쳐주어도 따르지 않고 있는 오늘의 시대를 보라. 몸서리쳐지는 두려움이 아닌가? 신이 존재하지 않는 가능성을 누가 좋아할까? 딱히 대상을 거론할 이유가 없다. 모두이기에 말이다. 하기야, 21세기 과학의 선봉에 서서 종교 살인에 앞장 선 그들이 말하는 최고의 과학자인 리처드 도킨슨이 한 말은 너무 유치하다.

There's probably no God, now stop worry and enjoy your life(하나님은 아마도 없을 겁니다. 그러니 걱정하지 말고 인생을 즐기십시오).

무신론적인 호전적 과학자 도킨슨이 하나님 없음을 증명해 내려는 시도와 목적이 이런 천박함일진대 더 이상을 카라마조프 씨네 형제들에서 언급한 도스토예프스키를 그에게 운운한들 듣겠는가? 과학은 데이터를 중요시한다. 합리적 연구 결과에 목을 건다. '1+1=2'는 그들이 믿는 신이다. '1+1=3' 미신이고 도킨슨의 말대도 '망상'(delusion)이다. 그들에게는 이 공식은 하나님이고 이 공식에서 벗어난 일체의 말들은 궤변이요, 소피스트들의 공허한 외침일 뿐이다. 왜 이럴 수밖에 없을까? 필자는 이렇게 평가한다. 인간의 생각함과 사유함을 인정하지 않는 결벽증 때문이라고. '종교 전쟁'에서 종교학자인 김윤성 한신대 교수가 도킨슨 이론의 추종자인 장대익 교수에게 일갈했던 코멘트가 눈에 들어왔던 적이 있었다.

종교란 인간 몸의 구체성과 인간 삶의 물질적 토대 위에 구축되는,

아니 그 물질적 토대와 뒤섞이며 직조되는 복잡한 덩어리인 문화의 일부라고 생각한다.*

필자가 김 교수의 이론에 전적으로 동의하는 것은 아니지만 그가 말한 인간의 구조 자체의 신비성에 대하여 과학이 판단하는 것은 무리수라는 요지의 반론에 공감했다. 인간이 하는 생각의 공간은 과학적이지 않고 영적이다. 그러기에 생각하는 것이 파열되는 것은 영혼이 파열되는 것과 동일하다. 그래서 고집하고 싶은 것이 있다. 신앙의 도에 있는 모든 도반(?)들은 생각하는 신앙을 유지해야 한다.

밤이 있는 삶(?)

세 번째 꼭지인 '영혼의 발 돋음'으로 들어가 보자. 시편 30편에서 노래한 시인의 읊조림을 저자는 소개한다.

주님의 진노는 잠간이요, 그의 은총은 영원하니, 밤새도록 눈물을 흘려도, 새벽이 오면 기쁨이 넘친다(시편 30:5절, 표준새번역).

사람이 살아가는 동안 누구에게나 밤이 있다. 그 밤의 도래를 피할 예외가 없다. 상당수 많은 사람들이 그 밤의 공격으로 인해 무너지고, 좌절하고, 포기하기도 한다. 사람에 따라 밤은 정도의 차이가 있기에 경험되어지고 맞닥뜨리는 점에서도 모두가 동일할 수는 없다. 그러나

---

* 장대익 외, 『종교 전쟁』 (서울: 사이언스북, 2014년), 211.

정도의 차이가 있다고 하더라도 공히 누구에게나 주어지는 것은 새벽이 온다는 것이다. 새벽이 온다는 것을 상기하는 자는 밤을 이긴다. 저자는 엘살바도르의 순교자인 오스카 로메로 대주교의 일침을 소개한다.

초월이란 사방이 막혀 있을 때 하늘을 보는 것이다(194).

또한 인도의 격언도 이어 소개한다.

어둠을 욕하기보다는 촛불 한 자루를 켜는 것이 더 낫다(197).

영혼이 다시 발돋움하는 것은 하늘을 보는 것이라는 저자의 교훈에 필자는 동의한다. 창세기를 묵상할 때 만나는 노아의 방주 기사에서 눈여겨볼 대목이 보인다. 동서남북이 막혀 있는 방주에 하늘 창문을 내라는 하나님의 명령이다. 1년이라는 시간 동안 동서남북이 막혀 있었던 방주는 말 그대로 지옥이었을 것이 자명하다. 동물들의 울음소리, 그것들의 분비물과 냄새는 아마도 노아의 식구들에게는 사투의 대상이었을 것이 분명하다. 더 심각한 것은 홍수가 끝날 시점을 알 수 없다는 불확실성의 미래였다. 사람에게 필요한 것은 희망이지 않은가? 아우슈비츠 수용소의 생존 작가인 프리모 레비는 『이것이 인간인가?』에서 하루에도 수백 명씩 가스실에서 죽어가는 막장 수용소에서 살아가는 자들이 암묵적으로 뇌 속에 스스로 각인될 수밖에 없었던 철칙들이 생겨났다고 보고한다. 이것은 수용자들의 본의가 아니라 타의로 생겨난 절망이었다고 레비는 술회한다.

이해하려 애쓰지 말라, 미래를 상상하지 말라, 모든 게 어떻게 끝나게 될지 생각하며 괴로워하지 말라.*

이렇게 갈파한 레비는 이 철칙들을 소개하면서 한마디를 덧붙인다.

어느 날, '내일'이라고 말하는 게/아무 의미를 갖지 않을 때까지.**

무엇을 레비가 말하고 싶었을까? 극한적 절망의 상황을 말하고 싶었을 게다. 그러나 아무리 그래도 인간이 인간으로 살아갈 수 있는 양식은 희망이다. 이것만이 슬픔의 상복을 벗는 일인데 이 일을 하나님이 행하신다고 시인이 노래한 메시지는 포기할 수 없는 영혼을 발돋움하게 하는 재료가 아닐 수 없다.

어느 날, 필자는 다윗의 이야기를 신명기 역사가의 입장에서 읽고 있었다. 그러다가 다윗의 고난이 완전히 다르게 보이는 경험을 했다. 사울에게 끊임없이 살해 고통과 핍박을 받던 다윗에게 바로 그 때가 도리어 인생의 전성기였다는 그림이 떠오른 것이다. 단 한 번도 하나님을 잃지 않았던 시기, 더욱더 하나님을 가까이 했던 시기, 그 어느 때보다도 하나님의 얼굴을 더 지근거리에서 바라보았던 시기, 결과적으로 하나님이라는 목적을 가장 명확하게 인식할 수 있었던 바로 그 시기가 다윗이 누렸던 최고의 믿음의 전성기가 아니었겠는가 하는 거꾸로 느끼는 은혜가 새삼 다가왔다. 그래서 다윗은 시편 59편에서 이렇게 반전의 노래를 부를 수 있었던 것 같다.

---

* 프리모 레비/이현경 옮김, 『이것이 인간인가?』 (서울: 돌베개, 2015), 179.
** 위의 책, 204.

그들에게 저물어 돌아와서 개처럼 울며 성으로 두루 다니게 하소서 그들은 먹을 것을 찾아 유리하다가 배부름을 얻지 못하면 밤을 새우려니와 나는 주의 힘을 노래하며 아침에 주의 인자하심을 높이 부르오리니 주는 나의 요새이시며 나의 환난 날에 피난처심이니이다 나의 힘이시여 내가 주께 찬송하오리니 하나님은 나의 요새이시며 나를 긍휼히 여기시는 하나님이심이니이다(시편 59:14-17).

인생에게 주어지는 밤은 그래서 아이러니하게도 나를 새롭게 하는 새벽의 신호이기에 모 정치가의 구호를 굳이 떠올린다면 '밤이 있는 삶'도 고루하지만은 않을 듯싶어 잔소리를 늘어놓아 보았다.

같은 하늘에서 숨 쉬고 있어 행복한 사람

아직도 갈 길이 멀지만 지면의 제한 때문에 필자에게 가장 큰 감동을 준 한 꼭지의 글을 소개하고 마무리를 하려고 한다. 그것은 '말씀의 위대함'을 피력한 장면이다. 저자는 다음과 같이 적시했다.

우리의 생에 봄을 가져오는 것은 하나님의 말씀이다(296).

정겹게 '아멘' 한다.

우리가 성경을 읽는 것은 삶의 지침이 될 만한 경구들을 찾기 위함이 아니다. 그럴 목적이라면 명심보감을 보면 된다. 우리가 성경을 읽는 까닭은 하나님이 바라시는 모든 것들이 거기에 담겨 있기 때문이다(299).

이 빛나는 역설을 강조한 저자는 강하게 영혼의 잽을 날린다. 어떻게?
이렇게.

말씀을 붙들고 살아가는 자는 길을 잃지 않는다(303).

책의 말미에서 작심한 듯 저자는 강펀치를 날린다.

많은 사람들이 하나님의 말씀을 읽지 않거나 설사 읽는다고 하더라도
밑줄만 긋는다. 말씀을 인용할 줄은 알지만 그 말씀을 삶의 척도로
삼아 나를 바꿀 생각은 하지 않는다. (중략) 하나님의 말씀은 그렇게
읽는 것이 아니다. 우리가 하나님의 말씀을 읽는 것이 아니라 말씀이
나를 읽도록 말씀을 읽어야 한다. 말씀 한마디라도 붙잡고 궁구하다
보면 삶의 중추가 보이게 마련이다(310).

정말이지 숨을 곳이 없게 하는 카운터펀치이다. 필자는 이 대목에
서 얼마나 전율하는 감동을 받았는지 모른다. 요즈음 새벽에 교우들
과 예레미야를 만난다. 길 예언자와 흉 예언자에 대한 가감 없는 선포
를 한다. 흉 예언에 집중할 것을 강하게 역설한다. 성도들이 눈살을
찌푸려도 어쩔 수가 없다. 그것이 성경의 진솔한 선포이기 때문이다.
그런데 부담이 되는 것은 예레미야가 이 대목에서 한발자국도 뒤로
물러서지 않는다는 점이다. 평균적으로 약 40여 명의 성도들이 눈을
비비고 새벽을 깨운다. 그래도 하루를 시작하면서 위로의 말씀을 듣
기 위해 새벽바람을 가르고 나오는 것이다. 설상가상으로 강단에 서
있는 담임목사는 만만치 않은 메시지로 무장하고 있다. 오라, 나를 따

르라. 그리고 죽으라고 선포한다. 내가 이렇게 말하는 것은 그렇게 하지 않으면 나도 무너질 것을 알기 때문이다. 이 불안함 때문에 필자는 한 발자국도 물러서지 않는다. 성도들에게 눈물겹게 감사하고 미안하다. 저들이 이 부담스러운 설교를 그 새벽에 들어주는 것이. 설교자는 갈등과 고민을 하며 영적으로 투쟁하는 것이 분명하다. 진정성을 갖고 말한다면 흔들릴 때가 많다는 점이다. 이런 흔들림을 책의 거의 말미에서 선포하고 있는 저자가 인용한 예레미야의 말이 또 다시 나를 곧추 세워주었다. 그는 이렇게 선언한다.

> 말씀을 부담스러워하는 백성들을 향하여 하나님이 뭐라고 하는지 아는가? 나는 너희가 부담스럽다(You are my burden: 예레미야 23:33-40)(316).

또 달려갈 힘을 얻는다. 힘에 부치기는 하지만 또 다시 달려갈 수 있을 것 같다. 한 목회자의 귀한 영혼의 울림이 그렇게 만들어 주었다. 8년 전 정용섭 선배가 김기석 목사를 향하여 이렇게 결론을 맺은 것이 필자에게도 현재 진행형이다.

> 세상, 인간, 문학, 예술, 사랑에 대해서 한 수 가르침을 받을 만한 분과 동시대에 설교자와 글쟁이로 함께 활동하고 있다는 것은 기쁨이다.*

---

* 정용섭, "속 빈 설교, 꽉 찬 설교", (서울: 대한기독교서회, 2006), p.59.

지난한 순례이지만
동행하시는 주군 때문에 울고 웃는다

『일상의 순례자』(2014년)를 읽고

폼 잡으려고 읽었는데

신학교에 입학을 한 뒤, 나름 신학생의 면모를 갖추겠다고 생각하여 늦깎이 초등학생의 심정을 갖고 읽었던 책들은 고전이었다. 아주 촌스럽게 고백하자면 그래도 신학생인데 하는 떠벌임을 섬기는 교회에서 자랑하고픈 마음으로 읽었던, 그래서 별로 선하지 않은 저의(底意)를 가지고 읽었던 책들이 지금 생각해보면 너무나 어마어마한 책들이었음에 개인적으로 참 감사하다. 토마스 아켐피스가 『그리스도를 본받아』에서 보여준 보물 같은 영성을 그렇게라도 만나지 않았더라면 어찌 오늘 주님과의 전인격적인 만남을 날마다 사모하려는 치열함을 배울 수 있었겠는가? 교만한 마음을 갖고 읽었지만 그렇게라도 했기에 늘 영적으로 빈약한 필자는 어거스틴의 『참회록』이라는 고전을 통해서 목회를 하는 목사로서 가장 큰 틀의 신학적 테두리를 나름 그리게 되는 행운을 얻었다. 같은 맥락으로 헨리 센케비치의『퀴바디스』를 읽었기에 왜 오늘 21세기를 살아가는 그리스도인들과 교회가 깊은 영적 수렁에 빠져 있는지에 대한 원인이 순교적 영성의 상실이라는 통찰도 갖게 되지 않았을까 싶다. A. J. 크로닌은 개인적으로 나에게는 인생의 스승이나 다름이 없다. 격동의 80년대, 신학생으로 살아가며 나는 내 조국에서 세속 정치의 무자비함을 보았다. 당연히 이 기막힌 정상의 비정상화를 보면서 교회가 예언자적인 사명을 발휘해야 함에도 불구하고 무기력하게 침몰했고 굴복했던 당시 선배들의 부끄러움들을 보면서, 망연자실해 하던 나를 다시 살려준 것이 바로『천국의 열쇠』였다. 나는 프랜시스 치셤으로 살겠노라고, 어떤 일이 있어도 안셀름 밀리와 같은 목사가 되지 않겠다고 어줍게 다짐하게 만든 선생님이 바로『천국의 열쇠』였다.

앞에 열거한 고전들은 지금은 필자의 서재에 색 바랜 채로 꽂혀 있다. 그러나 소개한 책들과 비교하여 전혀 손색이 없는, 아니 오늘도 손이 더 많이 가는 책이 하나 있다. 존 번연의 역작인『천로역정』이다. 아마도 개인적으로 설교 원고에 단편으로는 가장 많은 인용문이 들어간 책, 그래서 성경 다음으로 필자에게 지대한 영향을 준 제2의 성경과 같은 책이『천로역정』이다. 이 책은 공교롭게 신학대학에 입학해서 읽은 책이 아니다. 신학생이 되기 이전에 만났던 책, 그래서 어렴풋이 목사의 일을 낭만적으로 보게 했던 책이 아닐까 싶다. 1970년대 후반 나는 왜 그렇게 주인공 '기독자'에게 필이 꽂혔는지 아무리 생각을 해보아도 이해가 되지 않는다. 천성을 향해 가는 길목마다 그를 무너뜨리기 위해 도사리고 있었던 수많은 방해들이 나는 당시 왜 도리어 기독자에게 축복의 도구라고 섣불리 생각했는지, 당시는 신학생도 아니었는데 어디에서 그런 배짱이 생겼는지 너무 생뚱맞고 기막히다. 목회를 하는 현장의 주인공이 될 것이라고 전혀 생각하지 않았기에 기독자의 순례의 길을 너무 주관적으로 본 것이 아닌가 싶고, 그때의 그 건방이 오늘 목사로서 사역하면서 흔히 세간에서 하는 말대로, 말한 사람이 책임을 져야한다는 그 원칙처럼 하나님께서 필자에게 보란 듯이 떠넘기신 것 같아 웃프다.

콘텍스트와 텍스트

'기독자'를 지금 추스르면 어떤 의미로는 이 살벌한 세상에서 크리스천으로 살아가는 오늘날의 '나와 너'는 아닐까 싶다. 너무 큰 비약인가? 그렇게 생각하지 않는다. 오늘 크리스천이라는 이름을 갖고 살아가야 길은 존 번연이 성찰한 천로역정의 녹록지 않은 노정과 비교해볼 때 더하면 더했지 결코 덜하지 않은 순례의 길임에 틀림없다. 그러나 이 길을 가는 노정이 외롭지 않은 이유는 필자가 지금부터 나누고 싶은, 저자와 같이 날마다 일상의 순례를 떠난 동역자들의 흔적들이 고즈넉하게 또 이 길을 떠나는 자들에게 용기를 주기 때문이다. 저자는 '일상의 순례'의 길을 떠나 그가 미리 경험한 알천들을 독자들에게 선사한다. 그 선물이 오롯하다. 길을 떠나는 순례자가 외롭지 않음을 저자는 그 길에 예수께서 동행하고 있기 때문이라고 적시한다.

예수는 언제나 질문인 동시에 대답이다. 나는 묻고 그는 대답한다. 이때 나는 콘텍스트이고 그는 텍스트가 된다. 또한 그가 묻고 내가 대답한다. 이를 통해 신앙고백이 생활이 된다. (중략) 이제는 우리의 일상은 더 이상 적막강산이 아니다. 향방 없는 날뜀도 아니다. 가야할 길을 알고 걷는 이의 발걸음은 흔들림은 있을지언정 방향을 잃는 일은 없다. 예수를 길로 삼고 살아간다는 것, 그것은 마음의 든든한 지주를 세우는 일이다(18).

바른 교회 아카데미라는 한국교회를 염려하는 리서치 모임이 있다. 10여 년 동안 한국교회를 위한 바른 길잡이의 역할을 잘 감당해주고 있다는 점에서 필자는 이 사역과 함께 길을 걸어왔다. 교인 수를 늘리는 세미나와 집회에는 수많은 목회자들이 몰리는 데에 반해, 교회의 바른 방향성을 제시하는 이 세미나에는 현장 목회자들이 상당수 외면하고 있다. 이유는 단순하다. 목회에 도움이 되는 것이 아니라 부담이라고 생각하기 때문이다. 기실, 이런 실제들이 눈에 보인 것은 작금의 일이 아니라 이미 오랜 전부터 한국교회에 녹아든 현상이다. 어떤 의미로 보면 교회가 바르게 가야하는 길을 제시하는 것은 본(本)이고, 이런 길을 가는 교회가 자연스럽게 성장하는 것은 말(末)인데, 오늘 교회는 이 본말이 전도된 느낌이 너무 강해 유감스럽다. 적어도 교회는 그리고 그리스도인은 이 순서를 잊지 말아야 하는데 많은 부분에서 순서가 뒤죽박죽된 것처럼 여겨지는 일들이 많이 보이는 것 같아 가슴 아프다. 같은 차원에서 예수라는 텍스트는 본이고, 그 길을 따라가야 하는 나는 콘텍스트인 말인데, 너무 쉽게 내가 텍스트가 되는 본으로 변질되고 예수께서 나의 기분에 따라 말이 된 콘텍스트가 되는 일이 다반사로 만들어지는 것은 아닐까 싶어 두려워진다. 그래서 저자가 "본을 향해 가는 순례자는 흔들림도 없고, 방향을 잃을 일도 없다"라고 말한 대목에서 마음이 뜨거워진다. 순례의 길을 떠났다고 하면서도 그 순례를 마치 관광처럼 여기는 얍삽한 크리스천들이 너무 많아 흔들림은 기본이고, 방향성을 잃어버리는 일들이 비일비재한 것은 어찌 보면 너무 당연한 일이 아닐까 싶다.

모두의 웃음꽃 피우길

순례자가 된 저자는 '봄의 사람을 기다린다'라는 꼭지에서 팔레스타인 가자 지구 북부인 제발리아 난민촌 주민들이 이스라엘의 공격으로 희생된 두 살배기 아기의 주검을 옮기는 사진이 책상 위에 있음을 적시하고 폭력을 성토한다. 그런 뒤, 그는 이런 글로 그 폭력에 대하여 반항하는 사람들이 일어서기를 기원한다.

> 폭력과 테러가 일상화된 세상은 새로운 사람을 기다린다. 힘의 논리
> 에 굴복하지 않은 사람, 힘을 가진 자들의 전횡에 동의하지 않은 겁질
> 긴 사람들 말이다(24).

필자는 연초에, IJM(International Justice Mission)이라는 글로번 인권단체 설립자인 게리 A. 하우젠과 빅터 부트로스가 함께 펴낸 『폭력국가』를 만났다. 이들은 보고서에서 전 세계의 선진국은 물론 개도국에서 공히 발생하는 각종 폭력이 경제적으로 극한 빈곤에 시달리고 있는 계층에게 자행되고 있다는 점을 고발한다. 이어 그는 그 배후에 국가 권력이라는 거대한 담이 돈으로 방어막을 구축하고 있는 폭력 가해자들을 방어해주는 합법적 시녀와도 같은 또 다른 폭력의 주범임

을 여지없이 성토한다.* 어디 이런 참극이 제 3세계만의 일이랴! 세계 어디 나라에도 없는 유일한 단어 '전관예우'라는 해괴망측한 단어로 포장하여 '유전무죄 무전유죄'가 일상인 나라가 바로 내가 사는 나라이다. 졸지에 생때 같은 아들딸들이 바다에 수장되는 청천벽력 같은 아픔을 당했는데, 이 일을 발설하면 국가권력에 의해 종북 분자가 되는 나라가 내가 사는 나라이다. 세상에 이런 합법적인 폭력이 통하는 나라가 전 국민의 문맹률 0%로 나아가고 있는 내 나라 내 조국 대한민국이라는 점에서 놀랍다.

37년 전, 세금 내서 나를 지켜달라고 잘 부탁하던 자들의 정권야욕에 의해 아들딸들이 죽어간 남도의 한 역사의 현장에서 그들을 학살하는데 일등공신이었던 부대들이 도로 행진을 계획했던 나라, 그것을 아무 일도 아닌 것처럼 묵인하는 정부 권력이 정권을 잡았던 나라가 필자가 그토록 새벽마다 정의와 공의가 세워지게 해달라고 절규하는 내 조국이다. 폭력은 멀리서 일어나는 것이 아니라 가장 가까운 내 근처에서 힘이 있는 자들에 의해 자행된다. 아주 오래 전, 인기 여배우가 아프리카의 고통당하는 이웃들을 돌보기 위해 다녀온 뒤 썼던 여

---

* 게리 하우스·빅터 부트로스, 『폭력 국가』 (서울: 엘로브릭, 2015년), 135-152. 저자들은 국가의 방임과 암묵적인 느슨함으로 돈 있는 자들이 힘없는 자들에게 자행한 일련의 폭력들을 '메뚜기 효과'라는 빗댐으로 고발하고 있다. 기아, 인신매매, 성폭행, 불법 감금과 인권유린 등이 아무렇지 않게 일어나는 현장이 지금도 무수히 있고 이것이 있는 자들에 의해서 무자비하게 자행되고 있는데도 국가가 이것을 방관하고 있다고 저자들은 말한다. 가난한 자가 당하는 본질은 날마다 일상적으로 일어나는 약탈적 폭력에 항거할 힘이 없다는 점이다. 문제는 이 폭력의 공범자가 국가라는 비극이다. 그래서 저자들은 이 책의 원제목을 'locust effect' 즉 '메뚜기 효과' 라고 명명했다. 모든 것을 파괴해버리는 메뚜기 떼의 습격 앞에 농부들의 노고와 희생, 노력은 아무 소용도 없음을 나타내는 표현이다. 가난한 자에 대한 무분별한 폭력은 이런 참극이기에 말이다.

행 수기인 『꽃으로도 때리지 마세요』의 글말이 떠오른다. 꽃으로 때려도 폭력이다. 하물며 국가 권력에 의해 자행된 합법적 폭력을 고발하는 글을 읽으며 이런 상황이 아팠지만 그럼에도 불구하고 희망을 보았다. IJM과 같이 봄의 전령과도 같은 주체들이 있기에 말이다.

S. G. 워너비 멤버였던 가수 김진호가 부른 노래 '가족사진'이라는 곡에 이런 가사가 있다.

> 내 젊음 어느새 기울어 갈 때 쯤 그제야 보이는 당신의 날들이 가족사진 속에 미소 띤 젊은 아가씨에 꽃피던 시절은 나에게 다시 돌아와서 나를 꽃피우기 위해 거름이 되어버렸던 그을린 그 시간들을 내가 깨끗이 모아서 당신의 웃음 꽃 피우길

엄마의 젊음은 자식이라는 존재의 꽃피움을 위해 거름과 그을린 시간들로 지나가 버렸지만 엄마의 유일한 소망은 분신인 자식이 꽃피우는 것이었기에 그 버거운 일들을 기쁨으로 감내해 냈다. 그것처럼 엄마의 모성적 마음으로 이렇게 봄의 노래를 부르는 사람, 그 봄의 노래를 부르게 해주는 사람이야 말로 예수께서 걸어가신 길 위에 서 있으면서 본말이 전도되지 않도록 그리스도와 한 발을 같이 묶고 걷는 순례자이지 않을까 싶다. 그 순례자가 나와 너이기를 소망하면 사치일까?

큰 소리로 말씀치 않으셔도

저자는 두 번째 꼭지 '땅의 열기를 느끼며'에서 또 다른 여행을 떠난다. 제일 먼저는 깊은 샘에 천착한다. 물론 그 샘물의 원천은 큰 정

신의 원천인 예수임을 분명히 한다. 이렇게 시작한 그의 여행은 침묵의 영성을 통해 만나는 예수를 전한다. 필자는 저자의 이러한 접근에 대하여 격하게 동의한다. 마틴 하이데거가 말한 타락한 현대인의 요소가 "호기심, 쓸데없는 말, 평균적 일상성에의 집착"임을 저자가 인용하는데 일련의 이런 것들이 던지는 추파는 말할 것도 없이 '침묵하게 하지 못함'이다. 아내와 연애하던 신학생 시절, 참 많이 글로 나누었던 글들 중에 하나가 이해인 수녀의 시어들이었다. 연애편지를 쓰는데 아주 적절한 글감들이 들어 있어 적극 추천한다. 그러나 진정성을 갖고 필자가 이해인 수녀의 시어들을 좋아했던 이유는 침묵의 영성을 그녀에게서 배울 수 있었기 때문이다. 기억에 세뇌되어 있는 것 하나를 털어 놓는다.

큰 소리로 말씀치 않으셔도 들려옵니다. 나의 자그마한 안뜰에 남 몰래 돋아나는 향기로운 풀잎, 당신의 말씀 —그 말씀 아니시면 어떻게 이 먼 바다를 저어갈 수 있겠습니까. 아무리 둘러보아도 아직은 메마른 나무의 둘레, 꽃도 피지 않고 뜨거울 줄 모르는 미지근한 체온, 비록 긴 시간이 걸려도 꽃은 피워야겠습니다. 비온 뒤의 햇살같이 안으로 스며드는 당신의 음성, 큰 소리로 말씀치 않으셔도 가까이 들려옵니다.*

"큰 소리로 말씀치 않으셔도 가까이 들려옵니다"라고 노래하는 수녀 시인의 영혼이 너무 깨끗하고 아름답다. 어느 날, 기독교 텔레비전

---

* 이해인, 『민들레 영토』 (서울: 가톨릭출판사, 1984년), 120.

을 우연히 틀었다가 서울의 한 대형교회 목사의 설교를 본 경험이 있다. 물론 본인이 시무하는 교회의 주일 예배 실황을 가감 없이 보여준 기독교 계통의 방송국 용기가 너무 가상했다. 그 설교자는 자기가 섬기는 교회의 성도들에게 평상시에 하는 설교라 너무 자연스러웠는지 모르지만 현장 목회자로 서서 역시 설교를 하는 필자는 순간 소름이 끼치는 충격을 받았다. 이유는 간단하다. 설교자의 겁박 수준의 호통과 더불어 큰 소리로 '아멘' 하는 회중들을 본 까닭이었다. 마치 중세 가톨릭교회에서 면죄부의 판매를 위해 지옥을 도구 삼았던 그 암울한 그림자가 다시 스쳐지나가는 악몽 같은 방송이었다. 한국에서 가장 강력한 카리스마가 있다는 목회자의 설교 폭력(?)을 들으면서 개인적으로 왜 신명기 사가가 호렙산에 들어가 칩거하며 심각한 영적 침체에 빠져 있는 엘리야를 부를 때 바람, 불, 지진 속에 하나님의 임재가 있었던 것이 아니라 세미한 음성 속에 계셨는지를 기록했는지를 실감하는 좋은 경험을 했다.

필자가 어줍지 않게 목회를 하는 제천에는 베론이라는 가톨릭 성지가 있다. 사시사철의 절경 때문에 많이 찾는 장소이기도 하지만 개인적으로 그곳을 방문할 때는 고즈넉한 침묵을 통해 하나님과 함께 거하고 싶을 때이다. 성지 안에 있는 최양업 신부 기념 성당의 내부를 들어서면 고요하고 세미한 음성으로 임재하시는 하나님을 경험할 수 있도록 건축되어 있는 거룩함에 압도를 당한다. 물론 인위적인 작품이기는 하지만 섬기는 교회 안에서 분주함과 시끄러움에 공격을 받고 나면 부끄럽지만 필자는 그곳에 방문하여 힐링하고 돌아오는 호사를 누린다. 참 아쉽지만 상당수 개신교회의 예배는 취하게(?) 하는 경향이 있다. 그러기에 저자가 이렇게 말한 것을 가슴에 깊이 담아본다.

신앙은 취하게 하는 것이 아니라 깨우게 하는 것이다(84).

필자가 시무하는 교회는 '세인(世認)교회'이다. 교회를 개척할 때 다음과 같은 개척 마인드가 있었기 때문이다. 교회의 이름은 다음 문장의 의미를 담은 것이다.

"세상에게 살려달라는 비극적인 교회가 아닌 세상 사람들이 인정하고 살려달라는 교회"

그래서 세상이 인정하는 교회가 되자는 취지로 세인(世認)교회라 지었다. 저자의 글을 읽다가 필자가 시무하는 교회 이름의 취지와는 어떤 의미로 보면 정 반대의 개념으로 말한 하이데거의 인용문이 삽입되어 있는 것을 보았다.

철학자 하이데거는 일상성에 갇힌 채 자기의 삶을 주체적으로 살지 못하는 자들을 가리켜 '세인'(DAS MANN)이라 불렀다. 그들의 존재 양식은 잡담과 호기심과 모호함이다. 세인들의 특징은 재미를 우선적으로 추구한다는 것이다. 그들에게 최대의 악덕은 재밋거리를 놓치는 것이다. 인터넷 포털 사이트는 그런 재밋거리를 생산하고 유통시키느라 분주하다(93).

그렇다. 침묵은 재미와는 거리가 있는 개념이다. 침묵 자체는 고독하다. 그러나 침묵은 깊은 샘물을 기르게 해준다. 침묵은 분주하지 않기에 자아를 천박하게 하지 않는다. 침묵은 뭔가를 쥐어짜내게 하지 않는다. 그냥 침묵 자체에서 하나님의 임재를 경험하게 해 주는 귀한 엑기스를 추출하게 해준다. 상처 입은 치유자로 우리들에게 잘 알려진 헨리 나우웬은 이것을 알았기에 이렇게 고언을 아끼지 않았던 것 같다.

우리가 다른 사람에게 손을 내뻗어 우리를 지탱해 주는 힘인 하나님의 임재를 알게 하는 것은 침묵의 기도에서 비롯된다.[*]

이런 이유 때문에 침묵의 기도와 영성은 세인(世人)이 되는 것을 방어해 준다. 적어도 나는 내가 사랑하는 한국교회가 분주하지 않았으면 좋겠다. 저자의 말대로 개그 콘서트를 교회가 닮아가지 않았으면 좋겠다. 저자가 소개한 시인 윤석산의 글을 읽다가 시끄러움이 아니라 고즈넉한 〈응답하라 1988〉식의 촌스러움이 얼마나 행복한 것인지를 확인한 것 같아 무지 기뻤다. 말이 없지만 자연이 호흡하는 숨결 때문에, 비록 그 고요함을 마이크에서 나오는 소음이 깨뜨렸지만 한 순간, 행복했다.

논두렁길에서는 개구리가 뛰고, 오솔길에서는 산 꿩이 울고, 신작로에서는 자갈이 튀면서 먼지가 날리고 고속도로에서는 '국민 여러분'하는 연설이 흘러나온다(109-110).

이상한 생각, 생뚱맞은 상상을 해본다. 한국교회가 세인(世人)에게 세인(世認)하는 교회가 되려면 혹시 논두렁길, 오솔길이라는 촌스

---

[*] 헨리 나우웬/피현희 옮김, 『예수님을 생각나게 하는 사람』(서울: 두란노, 1999), 62.

러움으로 돌아갈 때가 아닌가 하는 촌스러운 생각 말이다. 필자는 어쩔 수 없는 촌놈이다.

내 곁에 있어줘

'길 위에서 모자를 벗고'의 세 번째 꼭지로 들어가 보자. 저자가 이 대목에서 유독이 강조하는 단어들이 보인다. 소통이요, 신뢰요, 사랑이다. 일례로 저자의 소통을 정의해 보자.

> 소통은 나의 생각과 견해를 타자에게 납득시키는 것이 아니라 소통의 바탕은 신뢰고, 신뢰의 밑절미는 곁에 있어줌이다(140).

그리스도의 도의 길을 걷는 순례자들이 노정에서 모자를 벗는 일은 곁에 누군가가 있어주기를 원하는 자들에게 있어주는 것이지 않을까 싶다. 시인이자 문학 비평가인 김응교는 자기의 산문집인 『곁으로』에서 본회퍼가 『나를 따르라』에서 선언했던 말과 동일한 고백을 했다.

> 고통 곁에서 떠나지 않는, 고통 곁으로 다가가는 삶은 '값비싼 은혜'라고 부른다.[*]

그의 글을 읽다가 사랑하는 한국교회를 뒤돌아보았다. 그리고 자문해 보았다. 한국교회는 값비싼 은혜를 누리고 있는가? 아니면 값싼

---

[*] 김응교, 『곁으로』 (서울: 새물결플러스, 2015), 44.

은혜에 내둘려 있는가? 무서운 생각이 자꾸만 드는 것은 나만의 생각이었으면 좋겠다. 자꾸만 내가 사랑하는 교회가 이웃의 고통과 함께하지 않기 위해 멀리 떨어져 있는 후자의 교회인 것 같은 느낌말이다. 내 생각이 철이 없는 것인지는 모르겠지만 그냥 힘없어, 돈 없어, 배경 없어 고통을 당하는 이웃들 곁에 있어주는 일을 교회가 하면 안 될까? 기독당 만든다고 핏대 올려 소리치지 말고, 기득권 정권의 나팔수가 되어 때때마다 시청 광장에 모이지 말고, 그냥 아픈 자 곁에 교회가 있어주면 안 될까? 새길 기독사회문화원장인 정경일은 "불안의 안개와 사회적 영성"이라는 소논문에서 이렇게 진단한 적이 있다.

> 무한소비의 탐욕을 자원으로 삼아 '독점 거대종교'로 성장한 신자유주의적 자본주의는 기존의 종교들을 자신의 '하청 종파'로 만드는 데 이르렀다.[*]

교회를 향한 벼락 치는 소리가 아닌가? 한국교회를 향하여 내리치는 죽비가 아닌가? 필자의 자존심이라고 치부하면 할 말은 없지만 정녕 내가 사랑하는 교회가 하청업체 수준으로 전락한 것에 대하여 땅을 치고 싶은 심정이다. 이런 감정의 소용돌이를 겪고 있어서 그런지 저자의 일침이 내내 가슴에 남는다. 다시 읽어보자.

> 소통의 바탕은 신뢰고, 신뢰의 밑절미는 곁에 있어줌이다(140).
> 주님 매를 들어서라도 이 땅의 교회가 빠져 있는 혼곤한 잠에서 깨워

---

[*] 정경일, "불안의 안개와 사회적 영성", (2015 맑스코뮤날레 발표 원고에서).

주십시오(153).

진심으로 '아멘' 했다. 아주 옛날, 한 대중가수가 불렀던 노랫말 중에 이런 것이 있었던 것을 어렴풋이 기억한다.

> 내 곁에 있어 주/ 내 곁에 있어 주/ 할 말은 모두 이것뿐이야/ 내 너를 위하여/ 웃음을 보이잖니 손목을 잡으며/ 슬픔을 감추며 내 곁에 있 어 주

음미해 보니 복음성가 가사 같다. 한국교회가 이웃을 향하여 그들 곁에 있어주었으면 싶다. 그들의 손목을 잡고 웃어주었으면 싶다.

고전 중의 하나인 리처드 백스터의 『성도의 영원한 안식』을 보면 저자의 영성이 오롯이 담겨 있는 이런 글을 만난다.

> 최고의 그리스도인은 깨달음의 깊이가 깊을 뿐 아니라 감정이 풍성한 사람으로서 귀에서 뇌로 향하는 길이 아닌 귀에서 가슴으로 가는 길 이 가장 잘 열려 있는 사람이다.*

필자는 사랑하는 교회가 이웃들을 향하여 귀에서 뇌로 향하여 가는 길이 아닌 귀에서 가슴으로 가는 길이 더 활짝 열려지기를 기대한다. 이것이 어떤 의미로 보면 주군이신 예수께서 먼저 보이신 삶이었고 또 역설하자면 한국교회가 회복되는 유일한 길일수도 있기에 말이다.

---

* 리처드 백스터/스데반 황 옮김, 『성도의 영원한 안식』 (서울: 평단아가페, 2011), 338.

하늘을 다시 볼 수 있을까?

이제 마지막 꼭지를 나누어 보자. '다시 하늘을 보다'의 저자의 갈무리는 왠지 너무 외로워 보인다. 왜 이런 생각이 들었을까? 다시 하늘을 볼 수 있는 가능성이 좁은 의미에서는 나에게, 넓은 의미에서 그리스도 예수의 도를 따른다고 고백하고 있는 일상의 순례자들에게 정녕 있겠는가 하는 자문에 대해 긍정의 답을 선뜻 내리지 못하는 멋쩍음이 있기 때문이다. 다시 하늘을 보려면 부르짖는 회개가 아닌 일상의 초점을 바로 잡는 회개가 전제되어 첫사랑을 회복해야 한다고 저자는 역설한다. 또 하나 귀를 기울여야 하는 촌철살인이 있다.

한국 기독교가 신앙적 주체로 서지 못하는 것은 믿음과 성찰을 떼어 놓았기 때문이다(186).

그동안 한국교회가 이렇게 가르쳤고 이렇게 사는 것에 대하여 전혀 호통을 치지 못했다. 너무나 당연하게 받아들였다. 그 결과, 한국교회는 종이 호랑이기 되었고, 그들만의 리그에서 자기 땅 따먹기 하는 고슴도치들로 전락되고 말았다. 미국의 중산층 지역에서 목회하는 보수적인 목회자의 글이 새롭게 그리고 신선하게 다가왔다.

뒷짐을 지고 물러서서 그리스도와 가벼운 교제만을 나누며 기계적으로 교회를 드나드는 그리스도인들은 안전할 뿐 아니라 세상의 미움도 사지 않는다. 설령 그리스도인이라는 딱지를 달고 있다고 해도 세상에 사는 사람들이 좋아하는 것을 함께 추구하면 사랑을 받기 때문이다. 따라서 성공 신화를 좇는 기독교와 성도는 세상과 충돌할 일이 없다.*

믿음과 성찰을 따로 떼어놓고 산 나는 성공 신화를 좇던 목사는 아니었는가? 말로 포장하여 그렇지 않았다고 항변하지만 내 깊은 구석 속에 이 음흉한 속물근성이 똬리를 틀고 있었음을 부인하기가 쉽지 않다. 조금씩 목회의 본질을 알아가면서 이 근성과 맞장을 뜨기 위해 몸부림을 치지만 떨쳐내기가 쉽지 않다. 필자부터 세상과 충돌하는 것을 두려워했음을 회개해 보는 시간을 저자의 책을 읽는 내내 절치부심함으로 가져본다. 더불어 한국교회가 지성적 성찰을 무시했던 지난 과오를 인정하고 '편협함'에서 벗어나기를 소망해 본다. 감동이 없는 시대, 감동을 무시하는 시대에 이 위대한 삶을 교회가 살아내 한국교회 앞에서 사람들이 고집스러운 신발을 벗는 그런 믿음직한 대상이 내가 사랑하는 교회가 되었으면 좋겠다.

어머니 같은 교회

저자의 글 하나를 도전적으로 나누고 글을 맺으려고 한다. 시인 나희덕의 〈우리 어머니〉에 나오는 시어이다.

그 많은 자식들과 내가 형제처럼 사는 세상을 만드시려고 모두의 어머니가 되어 주신 우리 어머니(222).

---

* 데이빗 플랫/최종훈 옮김, 『래디컬』(서울: 두란노, 2012), 223.

시인은 친어머니를 '나의 어머니'로 호칭하지 않고 '우리 어머니'로 불렀다. 필자는 이 글을 쓰기 4일 전, 어머니를 하나님의 품으로 보내드렸다. 어머니의 입관 예배를 인도하던 친구 목사가 전했던 이런 메시지를 울면서 들었다.

> 엄마라는 단어는 자식이라는 단어의 일체의 모든 것을 사랑으로 쓸어
> 담는 블랙홀입니다.

듣다가 이런 생각이 들었다. 그리스도인이라는 단어는 비그리스도인들이라는 단어의 일체를 사랑으로 쓸어 담는 블랙홀이 되어야 하지 않을까 하는 바람 말이다. 이단 교회의 명칭이 이제 버젓이 자리를 잡고 있어 표현하기가 조심스럽지만 진정으로 교회는 어머니 같은 마음을 품은 교회가 되는 것, 또 그것을 지향해야 하는 것이 목표이어야 하지 않을까! 그러나 이게 어디 쉬운가? 그래서 이 어렵고 녹록하지 않은 길을 걷기 위해서는 주군이신 예수께서 걸어가셨던 흔적들을 날마다 지성과 감성과 의지로 새기며 균형 잡힌 모습으로 순례해야 해야 한다.

저자와 함께 깊은 순례를 했다. 그래서 그런지 안 아픈 곳이 없이 욱신거린다. 마치 한국교회가 지금 아픈 것처럼. 다만 그 통증을 얼마나 느끼고 있는지의 차이가 있겠지만 말이다.

주여, 한국교회를 불쌍히 여겨주소서.

기도문을 쓰려는 자들을 위한 교과서

『내 영혼의 작은 흔들림』(2014년)을 읽고

나, 지금 떨고 있니?

전미 대륙에서 복음적 지성으로 적지 않은 영적 영향을 미친 영성 신학자 달라스 윌라드는 『마음의 혁신』에서 이렇게 말한 적이 있다.

진정한 영적 필요와 변화는 내면, 곧 삶의 숨은 부분에 있다.*

그의 지적에 필자가 고개를 끄덕인 것은 윌라드의 통찰에 동의했기 때문이다. 사람이 개인의 삶에 있어서 표면의 영역을 아무리 포장해도 그의 이면의 삶은 포장할 수 없기에 윌라드의 말은 적절하다. 이면의 삶, 즉 숨겨져 있는 부분의 진정한 변화가 없이는 그 사람의 영혼의 울림은 존재할 수 없다는 것을 필자는 수용한다. 그래서 그랬나? 윌라

---

* 달라스 윌라드/윤종석 옮김, 『마음의 혁신』(서울: 복있는사람, 2011), 129.

드의 이어지는 지침은 귀담아 들을 만하다.

> 부드럽고도 엄한 내적 변화의 과정은 우리 영혼과 주변 세계에 거하
> 시는 하나님의 임재를 통해서 시작되고 지속된다.*

목양의 현장에서 담임목회를 한 것만 계산해 보니 만 28년이 되었다. 28년 전, 그래도 목회의 초창기에는 "영혼이 참 깨끗하네! 어쩌면 저렇게 순결한 믿음이 있지!"라고 감탄사를 연발하게 하던 사람들이 곳곳에 보였다. 그러나 그렇게 지나온 세월의 흔적들을 바라보면 오늘이 더 신선하고, 더 순결해야 하는데 사정은 정반대다. 종교가 문화가 되는 시점이 한 국가의 개인 소득 20,000불이 될 즈음이라는 종교 사회학자들의 인용을 되새겨 보면 나름 억지춘향의 위로는 되지만 그래도 못내 씁쓸하고 유감스럽다. 그 유감스러움은 영혼의 울림이 일어나지 않는 시대로의 진입 때문이다. 그럼에도 목양의 현장에 있는 사람의 치열한 싸움은 목회자 스스로는 물론, 함께 가는 동행자들에게 영혼의 떨림과 울림이 중단되지 않도록 하는 것은 아닐까 싶다. 누군가가 "작은 교회에서 목회하는 사람이 패배의식에서 나오는 시기심 때문에 대형교회의 목회자들을 비난하는 것이다"라고 했다는 것을 듣고 그런 의식을 가진 자들의 뇌에는 과연 무엇이 있는지 참 궁금했다. 하지만 나름 대형교회 목회자의 한 사람으로 살면서 자신의 틀을 비틀어 세우려고 노력했던 고 옥한흠 목사의 유고집에 나오는 글을 읽다가 동의하여 밑줄 그었던 적이 있다.

---

* 위의 책, 130.

영적 전쟁에서 승리하려면 바울처럼 떨어야 합니다. 겸손해야 합니다. 성령이 우리를 통해 마음껏 일하실 수 있도록 내려놓아야 합니다. 마음을 비워야 합니다. 오직 주님만 바라보아야 합니다. 부들부들 떨어야 합니다. 교만의 머리를 쳐들지 말아야 합니다. 성경을 많이 안다고, 신앙의 경력이 많다고, 말을 잘한다고 머리를 들지 맙시다. 성령의 역사는 약하고 두려워 떠는 자를 통해 일어납니다.[*]

기도 복사하기

지친 인생들의 뒤끝인 목회의 현장에서 사역한 지나온 세월들을 바라보면 숨이 차다. 치열한 영적 전쟁터인 목양터에서 울고 웃고 한 28년이라는 세월이 숨 가쁘게 지났기 때문이다. 그러나 근래 들어 이 숨 가쁜 현장에서 의도적으로 더 많이 성찰하려고 하는 것은 나는 '부들부들 떨고 있느냐?'에 대한 정직한 답하기이다. 이 질문에 답하기 위해 날마다 하나님과 씨름하는 현장은 지극히 개인적인 일이기는 하지만 새벽 시간이다. 너저분하고 널브러져 있는 신세 한탄의 시간으로 새벽을 보내는 것이 아니라, 나는 하나님 앞에서 날마다 부들부들 떨고 있는가 하는 정직한 소통함을 얻기 위해 몸부림치는 시간이 바로 새벽 미명의 시간이다. 새벽에 주님과 만나는 기도의 현장은 그만큼 나에게는 알천 같은 시간이다. 28년 동안 목양의 현장에서 섬기는 교우들과 동고동락하면서 지나온 이야기를 하자면 왜 할 말이 없겠는가? 적어도 정상적인 목회를 한 사람이라면 밤을 새며 말할 수 있다고

---

[*] 옥한흠, 『교회는 이긴다 1』(서울: 국제제자훈련원, 2012), 8.

목에 힘을 주지 않겠는가? 필자 또한 예외는 아니다. 그중에 하나, 애교스럽게 말한다면 정말로 신기한 것이 하나 있다. '회중 대표기도'이다. 조금 우스갯소리로 표현한다면 28년 동안 목회의 장소, 사람, 시간의 다양성을 전제함에도 불구하고 기도의 내용이 거의 대동소의하다는 것은 불가사의한 기적이다. 기도의 내용이 창세기에서부터 요한 계시록으로 이어지는 성경 강해를 시작으로 지구상의 모든 사람들이 다 예수 믿게 해달라는 절대로 이루어지지 않는 기도다. 김일성부터 시작하여 김정일, 김정은으로 이어지는 삼대 세습을 회개하게 해달라는 기도도 그렇다. 예배 시작은 벌써 시작되어 예배의 중간에 이르렀음에도 불구하고 예배의 처음 시간이오니 마치는 시간까지 함께해달라는 기도도 '굳세어라 금순아!'이다. 성가대의 찬양이 은혜롭게 해달라는 기도와 담임목사가 말씀을 전할 때 엘리사가 가진 영감의 7배나 더하시고 성령의 두루마기를 입혀달라는 기도도 여전히 동일하다. 가장 비장하고 압권인 대표기도는 기도가 설교로 둔갑하는 기도다. 일련의 이런 기도들은 정말로 미리 사전에 기도의 각본을 짠 것 같은 착각이 들 정도로 대동소이하다. 아, 노파심으로 말하는 데 그런 기도가 하나님이 보시기에 아름답지 않은 기도라고 폄훼하는 것은 결코 아니니 당사자들은 노하지 않으시기를.

설교가 짧으면 은혜이듯 기도가 짧으면 더 큰 은혜

이전 교회에서 시무할 때, 지금도 생각만하면 식은땀이 나는 일이긴 하지만, 어느 주일 예배 대표기도 시간에 오죽했으면 잠시 졸았던 적도 있었다. 설교 시간의 사분의 일 정도를 빼앗아 기도하는 중직 때문에 말이다. 이미 아시는 분, 또 공감하는 분들은 고개를 끄덕이겠지만 그런 기도를 하는 주체들은 교육의 차원을 넘어선 신성불가침의 영역에 있는 분들이다. 그러기에 예배 인도자인 목회자가 할 수 있는 방법은 둘 중의 하나, 참든지 자든지 하는 것이다. 기도가 왜 이 지경이 되었는가? 이 질문에 대한 답은 필자의 순전한 객관적 잣대이니 생각이 다른 분들이나, 기분이 나빠진 분들은 공감하지 않아도 된다. 무엇일까? 그 대표기도자가 기도하지 않는 사람이기 때문이다. 기도의 내공은 영성으로 표출되는 것이 분명하다. 엄격한 의미에서 기도는 외워서 한다고 되는 것도 아니요, 배워서 하는 것도 아니다. 왜냐하면 기도는 영적인 삶의 엑기스요, 영성적 삶의 농축된 절정이기 때문이다. 이런 이유로 기도는 분명 삶이 나타난 것이기에 상투적인 기도를 하는 사람은 기도하지 않는 사람이라는 증거임에 틀림이 없다. 이렇게 기도는 배워서 하는 것도 아니요 외워서 하는 것도 아니다. 하지만 주님과의 인격적인 소통을 갖는 귀하고 귀한 기회인 기도의 내공을 위해 그럼에도 불구하고 한 가지는 열어 놓고 싶은 것이 있다. 시중에 나와 있는 대표기도 문집 같은 상술적이고 상투적인 기도문이 아니라 영적인 신앙의 거인들이 남긴 좋은 기도문을 많이 읽어보는 것이다. 많이 접하다보면 영적인 기도의 내공을 쌓는 데에 일조하리라고 여겨지기 때문이다. 김영봉은 그래서『사귐의 기도』에서 신앙의 귀한 족적들을 남긴 선배들의 기도문을 많이 읽어보라고 권하고 있는데 십분 이해가 되는 부분이다.* 아마도 이런 깊은 영성을 전제로 기도

---

* 김영봉,『사귐의 기도』(서울: IVP, 2012), 177. 워싱톤 한인교회의 김영봉 목사는 영적 거장들의 기도문을 읽고 묵상하는 것은 그 사람의 영과 만나는 것과 같다고 지적하면서 그 기도문은 그 사람의 신학과 사상을 농축해 담아 낸 것이기에 이런 기도문을 읽고 받은

한 선배들처럼 내공이 있는 그리고 영혼의 깊은 것을 만지며 드려진 기도문 중에서 필자의 이성과 감성을 동시에 자극한 글을 뽑으라면 주저 없이 저자의 글을 소개하고 싶다. 이제부터 그 증명을 해 나아가 보자.

기도하면서 영혼이 흔들릴 수 있다면

기도의 영성이 무엇인지를 깊이 볼 수 있도록 길라잡이를 해주는 양서인 김기석의 『내 영혼의 작은 흔들림』은 저자가 CBS 방송을 통하여 1년 동안 함께 드린 공동의 기도를 엮은 기도집이다. 저자의 책 제목에서 눈에 띄는 단어가 있다. '흔들림'이다. 기존 교회에서 '흔들림' 이라는 단어는 불온한 개념으로 여겨진다. "신앙생활을 얼마나 똑바로 하지 않았으면 흔들리지!"라고 타박하기 때문이다. 하지만 저자의 흔들림은 그 반대이다. 하나님과 기도로 직시할 때 어찌 영혼의 떨림이 없을 수 있단 말인가 하고 마치 거세게 항변하는 태도이다. 구약성경에 등장하는 예언자 중에 개인적으로 시대의 아픔을 안고 영혼의 흔들림을 전한 가장 가슴에 남는 예언자를 고르라면 필자는 주저 없이 예레미야를 선택할 것 같다.

내가 다시는 여호와를 선포하지 아니하며 그의 이름으로 말하지 아니
하리라 하면 나의 마음이 불붙는 것 같아서 골수에 사무치니 답답하

감동과 영감으로 자신의 기도문을 만들어 기도하는 방법은 영성 생활에 큰 도움을 준다
고 피력한다.

여 견딜 수 없나이다(예레미야 20:9).

예언자에게 임했던 환경의 두려움, 상황의 녹록하지 않음으로 인해 그는 흔들렸다. 그는 이 두려움을 피하고 싶었다. 마치 예수께서 겟세마네에서 드렸던 기도의 과정 중에 흔들리셨던 것처럼 예언자 본인이 당했던 엄청난 고난이 어찌 보면 하나님께로부터 임했다는 사실을 알았던 예레미야는 하나님께 막 대드는 느낌으로 토로한 이 고백의 기도를 통하여 예언자의 흔들리는 영성을 필자는 엿보게 되었다. 묘한 것은 김기석 목사의 기도문을 읽으면서 또 이 예레미야의 흔들림을 보았다는 점이다. 그래서 저자가 제목을 '내 영혼의 작은 흔들림'이라고 지었나 싶다. 억지춘향이 아니다. 김 목사는 책을 시작하는 글머리에서 이렇게 갈파한다.

유대인 신학자인 아브라함 조수아 헤셸은 사람들이 기도하는 까닭은 현실의 가장자리에 살면서 그 중심에 닿는 길을 찾기 위해서라고 말했다(11).

기도는 내가 하나님과 이 땅에서 맞닿아 있다는 증거다. 내 삶의 언저리에 하나님께서 그냥 어떻게 하다 보니 얹혀 있는 형국이 된 것이 아니라, 지금도 내가 하나님과의 연계를 하고 있다는 아덧줄이 기도다. 이렇게 기도는 신앙의 정수와도 같은 것인데 왜 기도하는 기독교인들과 교회가 세상의 추문거리로 전락했는지를 저자는 자문하고 자답한다.

기도에 문제가 있기 때문이다. 기도는 우리의 욕망을 이루기 위해 하나님의 능력을 동원하는 수단이 아니다. 기도는 하나님의 마음과 깊이 접속하고, 그 마음을 우리 속에 모셔 들이는 것이다. 우리의 지성과 감성과 의지를 하나님의 마음을 기준삼아 조율하는 것이다. 기도하는 사람은 삶의 한계상황을 만날 때만 기도하지 엎드리지 않는다. 그는 생의 한 가운데에서 무릎을 꿇는다(12).

전적으로 동의한다. 저자가 반어법적인 기술을 썼지만 기도의 변질은 기도가 주군과의 관계 회복의 도구가 아니라 기도하는 자의 일방적인 욕망의 분출이라는 나락으로 떨어졌기 때문이라는 지적이 의미심장하다. 아버지가 기대하는 기도와 전혀 상관없는 기도는 기도가 아니다. 적어도 이런 마음이 있는 일탈된 기도를 습관적으로 행하는 신앙인들은 헨리 나우웬의 일갈에 귀를 기울여야 한다.

기도란 평화를 미워하는 자들의 거처를 떠나 하나님의 집으로 들어가는 것이다(15).

기가 막힌 기도 해제이다. 기도하는 자는 하나님과 연결되어 있다. 하나님과 연결되어 있는 기도자는 내 욕망의 분출로 기도하지 않는다. 사랑하는 존재에 대한 극도의 예의로 기도한다.

그래서 기도는 엎드림이다. 이제 영성으로 내공이 쌓여 있는 한 현직 목회자가 드린 기도를 함께 드리는 마음으로 하나님과의 교제에 들어가 보자.

1월에 드린 기도

망연한 눈길로 눈 덮인 야산을 바라보는데 '스알야숩'이라는 단어가 천둥처럼 들려왔습니다. '남은 자가 돌아오리라' 주님, 정녕 이 땅에 남은 자가 있습니까? 정말 그들을 버리지 않으시렵니까? 다시 한 번 청합니다. 성전에서 흘러나와 죽은 생명을 되살리고 염전으로 변한 땅을 옥토로 바꾸셨던 그 생명의 강물이 이 땅 구석구석에 다시 흐르게 해 주십시오. 우리도 그 흐름을 타고 신명난 삶을 살게 해 주십시오(22).

예언자는 하나님의 눈으로 하나님의 마음을 보았던 자다. 예언자 이사야가 쓰러진 조국의 회복을 얼마나 사모했으면 아들의 이름을 이렇게 명명했겠는가? '스알야숩'(남은 자가 돌아오리라).

필자는 저자의 기도에 같은 공명으로 기도했다. 교회가 쓰러져가는 이 참담함의 시기에, 교회가 무슨 말을 해도 듣지 않으려는 귀를 닫은 이 시대에, 조금 더 도발해 표현한다면, 교회가 하는 말을 듣지 않는 정도의 시대가 아니라 교회가 사라져주기를 갈망하는 세속의 시대에, "맘몬과 섹스와 컴퓨토피아와 같은 나라를 추구하는 과학적 메커니즘이라는 골리앗과 맞서 싸울 남은 그루터기들이 이 땅에 남게 하옵소서!"라는 절규는 촌각을 다투는 기도이어야 한다. 저자의 말대로 파도는 하루에 70만 번씩 철썩이고, 종달새는 하루에 3,000번씩 우짖으며 자신을 지킨다는 시인의 노래를 들으며 오늘 내 기도의 신실함을 생각해 본다.

어찌해야 합니까? 마른 해골처럼 버성기는 우리들 가슴에 하나님의
숨결을 불어넣어주십시오(26).

사랑이라는 생기를 잃어버려 숨을 헐떡이는 이 시대에 하나님의
'루하흐'를 불어넣어 주시는 것 말고는 다른 방법이 없음을 인식한 저
자는 본인의 숨 가쁨을 토로한다. 이게 어찌 저자만의 읊조림인가! 여
기저기에 좀비들이 몰려다닌다. 다시는 죽지 않는 좀비들이 평범하게
살아 있는 우리네의 삶을 폐허로 만든다. 있는 자들의 갑질 좀비, 편력
으로 상대적인 약함을 보이는 여성들을 짓밟는 성적 폭력의 좀비, 때
와 상황과 분위기와 유불리에 따라 얼마든지 칼날을 휘두를 수 있는
정규직이라는 이름의 좀비, '초록이 동색'이라고 각종 이권을 위해서
는 정의와 공의는 은 삼십 낯도 안 되는 가치로 동네 고물상에 여지없
이 팔아넘기고 일치단결하는 최고 권력 좀비 등. 그들로 인해 오늘도
소리 없는 울음과 피눈물로 고층 옥상으로 올라가고 있는 '하비루'들
이 마른 해골처럼 버성기고 있는 에스겔 골짜기 같은 이 땅에 하나님
의 '루하흐'를 불어넣어주시기를 필자도 읊조린다.

2월에 드린 기도

주님, 이제는 정말로 시련과 고통이 다가와도 의연하게 맞이할 수 있
는 직립의 사람이 되고 싶습니다. 삶이 힘들다고 힘겹다고 징징거리
거나 작은 이익을 위해서 영혼을 파는 사람이 되고 싶지 않습니다.
버릴 것을 버릴 줄 아는 가벼움, 붙잡아야 할 것을 든든히 붙잡는 진
중함으로 이 덧거친 세상을 헤쳐 나가게 해 주십시오(44).

며칠 전, 병원 신세를 졌다. 왼쪽 어깨가 무너지게 아파서 손바닥을 뒤집을 수도 없을 정도의 통증을 느꼈기 때문이다. 의사 왈 병명은 '석회석 견염'이란다. 진단을 받고 알았다. 필자의 상체가 상당히 많이 굽어져 있다는 사실을. 어깨에 있는 돌덩이 제거도 시급한 문제이지만 굽은 상체를 다시 펴는 것이 더 중요하다는 진단을 받고 소 잃고 외양간 고치는 심정으로 다시 한번 허리와 상체를 곧추 세우는 재활을 시작했다. 직립으로 산다는 것이 어찌 외과적 판단의 의미만이겠는가? 직립인간으로 산다는 것은 인간이 인간으로 산다는 선언이다. 저자는 직립 인간으로 살기 위해 버릴 것을 버릴 줄 아는 가벼움과 붙잡아야 하는 것은 든든히 붙잡을 수 있는 진중함을 달라고 기도했다. 너무 중요한 기도이다. 여성학자인 정희진의 강의노트를 보았다. 그녀는 한 인문학 강좌에서 기막힌 통찰을 내놓았다.

영어에 'insight'라는 단어가 있죠? 통찰은 보지 않은 상태에서 가능하다는 의미죠? 자기가 아는 것을 버릴 때, 그때 새로운 것이 들어오죠. 그러니까 기득권을 지키려고 하면 무식이 오래갈 수밖에 없어요.[*]

필자는 정희진의 이 글을 읽다가 생뚱맞은 생각이 들었다. 인간이 인간답게 사는 것은 내가 가지고 있는 고루한 고집, 이기적 앎, 다른 이를 짓누르기 위한 섣부른 지식 그리고 그것을 통하여 배불리는 내 욕망의 자아를 많이 갖고 있으면 있을수록 나는 직립 인간으로 설 수 없다는 반항적 교훈(?)을 역설한 교훈으로 말이다.

---

[*] 진중권 외/정희진 편, 『자존심』 (서울: 한겨레출판, 2013), 232-234.

하나님, 며칠 전 분주한 일상에 짓눌린 채로 살다가 문득 하늘을 외롭게 했다는 생각이 들어 고개를 들어 보았습니다. (중략) 주님은 상속자를 주시겠다는 당신의 약속을 미더워하지 않는 아브라함에게 '하늘을 쳐다보라' 말씀하셨습니다. 주님, 고단한 일상에만 몰두하고 있는 우리의 시선을 거두어들이고 주님의 눈으로 삶과 역사를 바라보게 해 주십시오(48).

"하늘을 쳐다보라"라는 구절에 정말로 가슴이 찡했다. 이렇게 산 지가 얼마나 되었나를 뒤돌아보았기 때문이다. 노아의 방주를 자세히 살피면 노아가 땅 위를 볼 수 없었음이 확실하다. 새들을 밖으로 내보낸 일이 그것을 증명한다. 방주는 유람선이 아니었다. 하나님의 남은 백성을 구원할 상자였다. 이런 이유 때문에 지붕에 미닫이 천장식 창문이 있을 뿐이었다(창세기 6:16). 노아가 방주에 있었던 1년 여 동안 지옥 같았던 방주에서 견딜 수 있었던 것은 하늘을 볼 수 있는 창문이 있었기 때문이라는 전통적인 해석을 고루하거나 진부하지 않은 희망의 해석으로 필자는 받는다. 하늘을 보는 그리스도인, 주님이 주인이신 역사에서 비틀거리지 않을 것임을 재확인해 본다.

3월에 드린 기도

알몸으로 서 있는 나무들은 스스로 비어있지 않으면 어떤 새로운 것도 피워낼 수 없다고 말하고 있습니다. 혈과 육에 속한 생각들을 자꾸만 덜어내고 우리가 알게 모르게 세워놓은 장벽들을 무너뜨려 마침내 영혼의 봄을 맞이하게 해 주십시오(55).

빈 마음으로의 전이는 도를 추구하는 자들의 공통점이리라! 교회를 다닌다고 하는데 자꾸만 욕망의 그릇이 채워지는 삶이라면 그는 분명 병들어 있는 증거이다. 따라가야 할 주군은 우리에게 비우라고 요구하고 있기 때문이다. 주군은 자신을 죽이기까지 자신을 비웠다. 이런 면에서 기독교는 채움의 종교라기보다는 비움의 종교이다. 내가 나를 쳐 복종한다는 바울 사도의 변은 자기에게 날마다 임하는 육신의 법을 제어하여 자기를 비우는 몸부림을 말하는 화법이다. 전 국립수목원장을 역임한 신준환 박사의 글에서 귀한 내용을 보았다.

살아 있는 것 중에 아프지 않은 것은 없다. 나무는 늘 아프다. 늘 아파서 향기를 낸다. 인간이 좋아하는 피톤치드라는 것은 '식물을 죽인다'라는 뜻을 갖고 있는 물질이지만, 나무는 남을 죽이기 위해서가 아니라 자신이 아파서 자신을 치유하기 위해서 이 물질을 낸다. 사람이 편한 자리를 만들어 키운 인삼의 치유 물질이 산삼의 치유물질보다 못하듯이 나무도 편한 자리에서 아픔을 없애주며 키우면 피톤치드가 적어진다. 자신이 아파서 내는 향기, 우리는 그 향기를 마시고 낫는다. 향기로움 뒤엔 그 향기가 진한 만큼의 아픔이 숨어 있는 것이다."*

오늘의 감각으로 자신을 비운다는 것은 아픔을 전제하는 어리석은 일이 아닐 수 없다. 조금도 손해 보려고 하지 않는 시대에 자기를 비운다는 것은 그만큼 아프고 쓰린 일임에 틀림없다. 그런데 중요한 것은 그 아픔을 전제한 희생이나 나눔은 정말 귀하고 아름다운 치유

---

* 신준환, 『다시, 나무를 보다』 (서울: RHK, 2015), 45-46.

의 시너지를 발생시킨다는 점이다. 저자가 말한 대로 혈과 육의 속한 생각을 자꾸만 비워내는 삶을 살게 될 때, 나 또한 영적인 피톤치드를 발생해 내는 향기로운 그리스도인으로 서지 않을까 싶다. 생각이 여기에 미치자 나무보다 못한 삶을 살고 있는 내 모습이 너무 천박해 보여 부끄럽기 그지없다.

믿음은 우리 안에 있는 그리스도를 꽃피우는 것이라는 데 아무리 살펴도 우리 속에 그 꽃이 없습니다. 그래서 우리 삶은 아직 봄이 아닙니다. 주님, 여전히 덧없는 욕망의 거리에서 바장이는 우리들을 불쌍히 여겨 주십시오(64).

교회 정원에 3년 전, 심어 놓은 장미가 금년에 제법 자태를 뽐내며 피었다. 첫 해, 장미가 피었을 때 제 구실할 수 있을까 하고 고개를 저었던 것이 기우가 되어 행복했다. 장미의 교태에 반하여 정원 테두리를 경계하기 위해 심었던 朱木(주목)을 작년에 移木(이목)했는데 무슨 일인지 옮겨 심을 때 아팠는지 누렇게 고사해서 눈물을 머금고 뿌리를 뽑았다. 누렇게 죽어 있는 주목의 뿌리를 뽑고 나서 잠시 동안 이런 생각에 젖어보았다. 나무도, 꽃도 피어 있을 때 아름답다. 하물며 믿음의 사람들이야 재론할 필요가 있을까를 말이다. 저자는 믿음을 이렇게 정의했다. 우리 안에 있는 그리스도를 꽃피우는 것이라고. 참 적절한 표현이다. 내 안에 피어 있는 것으로 뿜어내는 향기는 나의 정체성이기도 하고, 나의 지금의 자화상이기도 하다. 저자가 피력한 대로 나 또한 내 안에서 꿈틀거리며 바장이는 욕망으로 인해 썩은 냄새가 진동하지 않기를 바둥거리고 있지만 아직도 갈 길이 멀다. 그래서 저자의 기도가 남달리 다가온다.

4월에 드린 기도

풍요와 편리함에 중독된 사람들은 두려워하면서도 자기 삶을 바꾸려
하지 않습니다. 주님, 주님의 이름으로 모이는 교회가 먼저 돌이켜 생
명 살림의 길을 걸어가게 해 주십시오(76).

정부의 각료들이 임명될 때, 청문회에서 드러난 그들의 면면은 머
리 좋은 양상군자들이라는 공통점을 보인다는 점이다. 가지고 있는
권력이나 기득권의 정보 그리고 이미 획득하고 있는 물질의 힘으로
또 다른 이권을 차지하는 데 국가대표 급의 실력을 발휘하는 것을 보
면 혀를 내두르게 된다. 내로라는 대학에서 최고의 학문을 섭렵한 그
들이기에 인맥과 학맥 그리고 초록이 동색인 그룹들 간의 환상적인
연대를 통하여 천박한 자본주의의 구멍 뚫린 영역에서 그들은 자신들
의 이권 차지를 그럴듯한 합법의 명문으로 성취하는 데 이미 이력이
난 사람들인데 바로 그들이 이 나라의 핵심 권부를 차지하고 있으니
유구무언이다. 어쩌다 그 욕심의 도가 너무 넘쳐서 정죄의 과녁이 되
면 그건 정말 재수 없는 걸림으로 치부되는 것이 현실이다. 유감스러
운 것은 이런 공식은 앞으로도 지속될 것이라는 잿빛 전망이다. 어떤
한 사건이 터지면 그때서야 그 분야의 불합리를 성토하고 소 잃고 외
양간 고치는 흉내를 내는 것을 보면 촌극도 이런 촌극이 없다. 이런
난장(亂場)을 치유할 수 있는 공동체는 아무리 보아도 교회인데 교회
는 오히려 예언자적인 능력을 잃어버린 지 오래되었고, 이제는 교회

가 어떤 말을 해도 듣지 않는 세태이니 전망은 더욱 비관적이다. 그런데도 저자는 이렇게 절규한다.

주님, 주님의 이름으로 모이는 교회가 먼저 돌이켜 생명 살림의 길을 걸어가게 해 주십시오.

기도는 가능하겠지만 필자는 왠지 저자의 기도가 고독해 보인다. 신학교를 졸업하고 대도시에서 도시 빈민 사역을 평생 감당해 온 친구가 필자에게 이런 글을 보낸 적이 있다.

헉슬리가 '멋진 신세계'에서 구상한 미래가 오히려 빤한 세상을 보며, 야만인으로 등장한 '존'의 환멸(반문명의 세계에서 초대되어 완전하게 설계된 문명과 행복의 신세계를 목격하지만 결국 조작과 통제에 동화될 수 없는)을 공감하기에, 이제 오늘의 현실 그 하늘이 두렵기조차 하네. 어쩌면 마지막까지 연인이어야 할 하늘마저도 우리의 욕망과 탐욕으로 채색되어버렸음을 보기에.

친구의 말대로 하늘마저도 자신의 욕망의 도구로 이용하는 기막힌 세대가 바로 오늘 지금 여기에 있기에, 그런데 그 한복판에 하늘을 회색화한 장본인들인 바로 나 같은 목사들이 너무 많기에, 교회가 저자의 말대로 생명 살림의 길로 걸어갈 수 있는 자정능력이 있을까에 대하여 별로 자신감이 없는 것은 나만의 탄식일까? 아, 물론 오해는 하시지 말기를. 난 헉슬리처럼 불가지론 옹호자는 아니니까. 다만 그의 내공이 담겨 있는 쓴 소리는 들어야 하는 메시지로 수용해 보았다.

4대강 삽질을 최고의 치적으로 삼는 개신교 장로의 수준이 기독교의 주류적 수준이 아니기를 진심으로 나 또한 기도해 본다.

주님 지금도 얼마나 쓸쓸하십니까? 주님의 마음을 알아차리지 못하는 오늘의 교회 때문에, 고난은 한사코 거부하면서 영광만 구하는 성도들 때문에 말입니다. 주님 우리를 불쌍히 여겨 주옵소서(79).

저자는 주님을 쓸쓸하게 만든 주범을 성도로 일반화하고 있지만, 필자는 객관화시키고 싶다. 주님을 철저하게 외롭게 한 주범은 이 시대에 한 교회를 맡아 사역하고 있는 필자이다. 목사로 부름 받아 건강한 주님의 몸을 일구어 가는 것에 집중하지 못하고 개인의 목회 성공에 급급하여 눈이 멀어 있었던 자가 바로 이 놈이다. 누군가가 말했다고 하지 않았는가? 고난은 변장하고 온 축복이라고. 그의 지론이 옳든 그렇지 않든 필자는 고난을 부담스러워했던 것이 사실이다. 가능한 고난은 멀리하고 안전함과 편안함에 함몰되어 사역해 온 참 볼품없는 목사로 지난한 세월을 살아온 무익한 종이다. 상투적인 회심이나 뉘우침의 고백이 아니라 진정성이 있는 고백이다. 그래서 그런지 주님을 쓸쓸하게 한 주범이라는 수치스러운 명칭은 내 것임에 틀림이 없다. 그것에서의 돌이킴 때문에 이런 볼품없는 서평을 쓰면서 자위하고 있기도 하다. 저자의 기도문 중에 4월에 드린 이 기도의 글은 필자를 산산조각내고 있다.

5월에 드린 기도

'껍데기는 가라'고 외쳤던 시인의 일갈처럼 욕망의 몽롱한 도취에서
깨어나지 못하는 우리들을 꾸짖어 주십시오. 풍요의 단꿈에 젖어 살
다보니 우리는 영적인 청맹과니가 되고 말았습니다(91).

　　서평을 쓰는 지금, 텔레비전에서 온통 한 인기 연예인의 자살 소식
이 도배를 했다. 유명 연예인이었고, 한때는 너무 잘 나가던 배우였기
에 사람들의 관심은 더한 듯했다. 그가 마약에 손을 댔을 때 심하게
비난하던 사람들조차도 그의 자살 소식에는 나름 절제하는 분위기인
것을 보면, 망자에 대한 최소한의 예의는 악플러들조차도 지켜주는
모양새이다. 자살을 한 당사자는 자살 전날, 만취상태였다고 한다. 그
는 심각한 우울 증세를 보였다고 했다. 해프닝으로 몰고 가는 느낌이
있어 그 진정성은 의심되지만 아내하고도 썩 좋은 부부관계를 맺고
있었던 것 같지는 않다. 고인의 발인을 공영방송, 종편할 것 없이 경쟁
적으로 보도했다. 대한민국의 내놓으라는 공영방송의 브라운관을 통
해 비쳐진 고인의 神位(신위)는 집사 '고 아무개'였다. 필자가 한 개인
의 아픔을 다시 들추어내는 이유는 망자에 대한 무례를 범하기 위해
서가 아니다. 자살하면 지옥에 간다고 가르치고 있는 한국교회의 도
그마를 망자에게 재확인시키는 그런 교리적 쓸어 담기를 위해서도 아
니다. 필자가 울고 싶은 것은 한국교회의 무기력함이다. 집사인 그가
왜 마약에 손을 댔는가? 집사인 그는 왜 자신의 신세한탄을 만취함으
로 풀 수밖에 없었는가? 집사인 그는 왜 자살이라는 극단의 선택을
할 수밖에 없었는가? 혹시 무기력한 교회 때문은 아니었을까? 교회가

본인의 좌절을 해결해 줄 수 있는 보루라고 믿지 않았기 때문은 아니었을까? 작금, 교회의 자화상을 보면서 본인의 갈등을 해결해 줄 신뢰할 만한 공동체로 믿기는커녕 한때 한 여배우에 의해 회자되었던 "너나 잘 하세요"의 조소거리로 그가 생각한 것은 아닐까? 필자는 망자의 신위에 쓰인 글을 볼 때 교회의 무기력이 스쳐지나갔다. 너무 심한 왜곡이라고 공격하는 독자들이 있으리라. 조금 점잖게 너무 앞서 나간 과장이라고 평가절하할 독자도 있으리라. 그래도 할 수 없다. 이렇게 평가한 이유는 한국교회가 너무 풍요라는 껍데기로 표면을 무장한 느낌을 가졌기 때문이다. 본(本)이 말(末)로 전도된 가치의 공동체는 존재 이유가 없다. 사회적 물의를 일으키는 굵직굵직한 사건들이 일어날 때 어김없이 그 한복판에 예수쟁이들이 서 있는 섬뜩함에 심장이 뛴다. 이 마음을 저자가 이해했는지 위로의 기도로 5월을 마감한다.

진액이 말라버린 달팽이처럼 우리는 점점 생기를 잃어가고 있습니다. 영문도 모른 채 앞으로만 달려가는 발걸음을 멈추고 마땅히 가야할 길을 가늠하는 지혜를 허락하여 주십시오(97).

필자도 저자의 말에 맞추어 기도해 본다.

주여, 내가 생명처럼 사랑하는 한국교회에 생기를 다시 불어 넣어주소서. 길을 잃은 많은 사람들에게 갈 길을 일러주는 교회가 되게 하소서. 껍데기가 아닌 알맹이가 알찬 교회되게 하소서.

6월에 드린 기도

집어등 불빛을 보고 몰려드는 오징어 떼처럼 우리는 세상의 유혹에 속절없이 끌려갑니다. 이제는 그 인공의 불빛이 아니라 하나님이 숨겨두신 그 은은한 참 빛을 따라가게 하옵소서(110).

저자는 이 기도의 부제를 '방황'이라고 정했다. 마치 오늘의 현대인들이 불꽃을 향하여 자기들의 몸을 던지는 부나비처럼, 또는 집어등 불빛을 보고 몰려드는 오징어 떼처럼 결과가 너무나도 비극적인 것임에도 불구하고 더 자극적인 것에, 더 찰나적인 것에, 더 쾌락적인 것에 붙들려 방황하고 있는 세태를 빗댐이다. 육체의 탐닉을 위해 사는 삶을 천박함이라고 정의해도 크게 엇나가지 않는 정의라고 본다. 세상의 유혹에 속절없이 끌려가는 모습이 그렇다. 그러나 이보다 더 심각한 천박성은 영혼을 가볍게 여기는 삶이다.

여자가 조르바에게 물었다. "보쇼, 형제, 영혼이 있수?" 조르바가 걸음을 멈추었다. "있지" 그가 엄숙하게 대답했다. "그럼, 5드라크마만 줘요" 조르바가 주머니를 뒤져 낡은 가죽 지갑을 꺼냈다. "여기 5드라크마 있어" 그때까지 시무룩해 있던 입술에 그제야 웃음이 번졌다. 그가 뒤를 돌아보며 한마디를 했다. "두목, 이 동네는 물건 값이 참 싼 모양이군요. 영혼의 값이 겨우 5드라크마라니!"*

---

* 니코스 카잔차키스/이윤기 옮김, 『그리스인 조르바』 (서울: 열린책들, 2009), 43.

니코스 카잔차키스의 『그리스인 조르바』에 나오는 이 대목을 읽다가 미묘한 감정이 스멀스멀 올라왔다. 오늘 내가 사는 시대에 영혼의 값은 얼마일까? 저자의 또 다른 책인 『오래된 새 길』에서 가장 질 나쁜 도둑질은 '사람을 도둑질하는 것'이라고 갈파했는데, 사람 도둑질이란 영혼의 가치를 가볍게 여기는 죄가 아닐까 싶어 니코스의 이야기를 담았다. 우리들의 영혼이 부나비나 오징어 떼와 같아서야 되겠는가? 영혼의 값은 얼마일까? 언젠가 해외토픽에서 본 레오나드 다빈치의 '모나리자'의 경매 값이 공개되었다. 떠들썩했다. '값을 매길 수 없음.' 고집했으면 좋겠다. 영혼의 값이 얼마? 'PRICELESSNESS'라고.

7월에 드린 기도

이제는 더 이상 욕망의 언저리를 맴돌며 살고 싶지 않습니다. 하나님을 한껏 사랑하고, 이웃들을 있는 그대로의 모습으로 부둥켜안으며 살고 싶습니다. 적극적으로 누군가에게 다가서진 못한다 해도, 그늘을 드리워 지친 사람들을 품어 주는 나무처럼 그렇게 살고 싶습니다 (123).

폭염 속에 있기에 그냥 버티기도 쉽지 않은 일상인데 여론들이 전하는 근래의 소식들을 보면 더 더워진다. 작금에 일어나는 내 조국의 자화상은 볼썽사납다. 상위 1%의 특권 계층들이 벌이고 있는 불법들은 나머지 99%를 분노하게 하는 차원을 넘어 좌절하게 한다. 정계, 법조계, 경제계에 연이은 불법적 연결고리는 대안이 없을 정도로 강하게 유착되어 있다. 그 깊은 수렁을 파고 들어가면 고착점이 하나 보인다. 그들이 버리지 못한 욕망이다. 견고할 것 같은 욕망 말이다. 문제는 견고할 것 같은 그 욕망은 결코 영원하지 않다는 점이다. 아침에 출근하여 주어진 성경 일과를 펼쳤다. 요나서를 읽고 있는 데 큰 활자로 다가온 말씀이 보였다.

> 그가 대답하되 나를 들어 바다에 던지라 그리하면 바다가 너희를 위하여 잔잔하리라 너희가 이 큰 폭풍을 만난 것이 나 때문인 줄을 내가 아노라 하니라(요나 1:12).

읽다가 은혜로 넘쳐났다. 인간적인 이성으로 니느웨에 가기 싫어 다시스로 가는 배에서 예언자 요나는 하나님의 태클 거심으로 한 발자국도 더 나아가지 못하는 풍랑의 사태에 직면한다. 이 모든 원인이 자기로 인함임을 인정하고 한 고백이 크게 다가왔다.

"나를 들어 바다에 던지라."

저자가 말한 대로 욕망의 언저리에서 자기 것을 놓치지 않고 죽기 아니면 까무러치기의 심정으로 그 헛한 욕망을 붙들고 있는 현대인들이 난무하고 있는 이때, 예언자는 자기를 죽이라고 선포한다. 자기를 바다에 던져 죽이라는 선언이 왜 필자에게는 오늘 우리 한국교회가 세상을 향하여 선포해야 하는 가장 적절한 선포처럼 들리는 것일까? 조금 더 묵상하다가 세상 사람들이 우리 그리스도인들에게 퍼붓는 아우성이 꼭 하나님이 들려주시는 세미한 음성처럼 들렸다.

교회여, 살려고 하지 말고 죽으려고 하십시오. 당신들이 믿는 주군은 죽어서 살았고 자기를 부인하라고 가르쳤건만 왜 당신들은 죽지 않고 살려고만 하십니까? 제발 죽으십시오. 그래서 다시 사는 것을 보여 주십시오.

이 자기 부인으로의 회귀만이 세속적 전쟁터에서 지치고 상한 자들에게 그늘을 만들어주는 나무의 역할을 하는 교회의 원 정신으로의 회귀가 아닐까 싶어 저자의 기도가 더욱 절절하게 들려온다.

8월에 드린 기도

주님, 편하고 쉬운 길을 열어달라고 기도하지 않겠습니다. 비록 어려울지라도 주님이 앞서가신 그 길을 따라 꿋꿋하게 나아가는 검질긴 믿음을 주십시오. 또한 그 길을 걷는 동안 문득 주님의 마음과 하나 되는 기쁨을 맛보게 해 주십시오(149).

3년 전, 터키에 소재해 있는 데린구유 지하 교회를 다녀왔다. 지진 지대였던 이곳 데린구유는 화산지대임과 동시에 땅들을 손으로 팔 수 있는 석회암 지질이기에 지하도시 건설이 용이했고 해서 추측하기로는 로마의 기독교핍박의 시절, 종교의 자유를 위해 기독교인들이 지하로 파내려간 것으로 후대 학자들이 보고 있다. 약 15층 아파트 규모로 되어 있는 데린구유 지하도시는 안전상의 이유로 지금은 8층까지만 개방되어 있어서 더 이상은 관람하지 못하는 아쉬움이 있었다. 지하로 내려가 보니 성도들이 거하던 방들은 지천에 있었고, 동물들을 키우던 축사, 물을 담아두었던 우물, 식량을 저장하던 창고 등이 있었고, 외부의 침입에서 살아남을 수 있는 방법의 일환으로 미로처럼 엮인 길들을 설계했던 것을 보며 혀를 내둘렀다. 감동은 지하 8층에 있는 예배당과 신학교 건물이었다. 약 20,000명 정도의 인구가 살았던 지하 도시에서 그들이 가장 위대한 삶의 가치로 여겼던 것은 신앙이었다. 밤이 깊은 시간이 되어야 지상으로 나와 숨을 돌렸던 그들이지만 그들이 이 어려운 삶과 불편한 삶을 영위했던 유일한 이유는 신앙의 자유와 예수 그리스도에 대한 믿음의 소중함 때문이었다는 생각이 드니 그들의 신앙을 위한 수고가 눈물겹게 다가왔다. 지하 8층 예배당 지역에서 성지순례의 동역자들은 그 어느 때 불렀던 찬송보다 더 감격적으로 이렇게 노래했다.

환란과 핍박 중에도 성도는 신앙 지켰네 이 신앙 생각 할 때에 기쁨이 충만하도다. 성도의 신앙 따라서 죽도록 충성하겠네.

지하에서 숨죽여 살 때 데린구유는 진정한 교회였다. 그러나 주후 313년 콘스탄티우스 대제가 어쩔 수 없는 정치적인 상황으로 인해 기독교를 지상 교회로 인정하면서 교회는 그동안 지하에서의 삶을 청산하고 지상으로 올라왔는데 그것이 교회의 비극을 낳는 시초가 될 줄을 누가 알았겠는가! 지하에서 지상으로 올라오면서 교회는 교회로서의 모습을 잃기 시작했다는 것을 웬만한 지성적 크리스천들은 누구나 동의한다. 지상으로 올라온 교회가 힘 있는 권력이 되자마자 정치와 타협했다. 기득권 정치세력과 결탁하여 타락의 극치로 달려 나갔다. 교회가 돈이 많아지자 천문학적인 돈을 들여 성전들을 세우기 시작했다. 그곳에 최고의 기기들, 악기들을 들여놓았다. 최고의 오케스트라를 결성했다. 교회는 당대 최고의 문화적, 음악적, 예술적 혜택을 누리는 최고층 사람들의 사교의 장소가 되었다. 그들이 뿌리는 품위 유지비 성격의 헌금들이 교회의 곳간에 차고 넘쳤다. 교회는 사람들로 붐볐고 사람들이 붐비자 교회는 당연히 사람들의 입맛과 구색에 맞추는 교회로 급속히 변모했다. 교회는 항상 사람들이 주인공이었고, 사람들이 무대 위의 주연이었다. 그러나 사람이 주인공인 그곳에 이미 하나님이 떠나셨다는 것은 모든 것을 잃은 것과 동일하다. 저자는 편안한 길을 달라고 기도하지 않겠다고 했다. 불편해도 그 길을 가겠다는 검질긴 믿음으로 나아가겠다고 기도했다. 교회의 세속화는 시대의 저주이자 사탄적인 직격탄이다. 그중에도 편리주의는 더더욱 그렇다. 그래서 마이클 호튼은 세속주의를 이렇게 비판한 것 같은데 필자도 지지를 보낸다.

세속주의는 창조주와 구속자에 대한 불신앙과 무지 그 이상도 그 이하도 아니다.*

주군이신 예수께서 걸어가신 길이 좁은 길인 것이 오히려 필자에게는 감사의 조건이다.

---

* 마이클 호튼/김재영 옮김, 『세상의 포로 된 교회』(서울: 부흥과개혁사, 2007), 192.

9월에 드린 기도

꽃무늬 벽지에 곰팡이에 슬 듯 우리 마음에 드리운 음습한 욕망을 주
님 앞에 내놓습니다. 은총의 햇살과 생명의 신바람으로 말려주시고,
선물로 주어진 생을 한껏 살아갈 새 힘을 채워 주십시오(160).

필자는 5년 전, 작고 아담한 예배당을 신축했다. 공사 기한을 정한
시간 안에 마쳐야 하는 어쩔 수 없는 스케줄 때문에 겨울 공사를 감행
했는데 2년 전부터 그 겨울 공사의 피해가 나타나고 있다. 제대로 양
생이 되지 않은 상태에서 몰아 부친 결과 곳곳에 석고 보드와 같은 벽
재들이 떨어져 나가고, 벽면에 크렉이 생기고, 제대로 마르지 않는 부
분에 곰팡이가 생겼다. 누구를 탓할 수 없다. 자업자득이니 말이다.
음습한 욕망을 벽지에 핀 곰팡이와 같다고 저자는 정의했다. 옳다. 기
다릴 시기에 기다리지 않았던 조급함, 무언가를 먼저 만들어내고 말
겠다는 인위적 축성이 견고하지 못한 결과를 양산해 낸다. 오늘 나와
너와 내 조국과 내 교회의 멍든 모습으로 필자에게 각인된 아픔들을
치유하는 방법을 저자는 은총과 햇살과 생명의 신바람으로 말리는 것
이라고 진단했다. 정말 이것들이 필요하다. 곰팡이는 햇살과 바람에
는 속수무책이니 말이다.

10월에 드린 기도

지금 울고 있는 이들, 지금 삶에 멀미를 느끼는 이들을 주님의 은총의
날개 가운데 품어 주십시오(168).

"우는 자들과 함께 울라."

바울이 로마교회에 전했던 간절한 호소다. 그러나 바울의 이 호소가 어찌 로마교회만을 향한 호소일까 싶다. 오히려 오늘 내 조국과 사랑하는 교회를 향한 하나님의 간절한 메시지로 다가온다.

'세월호'라는 이름은 현대사에 있어서 대한민국에 몰아친 씻어주기에는 너무나 아픈 상흔이다. 문제는 이 상흔을 치유하려고 하지 않고 덧나게 했다는 점이다. 이 상흔이 곪을 대로 곪아서 고스란히 우리 공동체 안에 둔덕이 되어 남아 있다는 데에 그 심각성이 있다. 진실 규명이라는 가장 중요한 과정이 천만다행으로 숨기려던 정권에서 밝히려는 정권으로 바뀌어 아픔을 치유하려는 노력이 진행 중에 있지만, 그동안 유족들이 당한 쓰라린 상처는 끝내는 씻을 수 없을지 모른다는 중증을 동반하고 있다.

세월호 사건은 하나님이 경고하신 메시지라는 궤변, 목회자들에게 세금을 거두게 한 심판의 표가 포항에 지진으로 나타났다는 어느 목사의 망언은 우는 자와 함께 울라는 성경의 말씀을 정면으로 난도질한 폭거요, 폭력이다. 더 아픈 것은 그런 발언을 한 자들이 도대체 내가 한 말이 무엇이 틀렸냐고 멱살잡이라도 할 셈이라는 점이다. 이 기막힘을 아는 듯 저자는 10월에 드린 기도에 이런 기도를 첨가한다.

말은 덜 하되 누군가를 돕는 데는 동작이 굼뜨지 않은 사람이 되게 해 주십시오(169).

사람들 앞에 놓인 걸림돌을 치워 주고, 비틀거리는 이의 어깨를 부축하여 일으켜 주는 따뜻한 사랑의 사람이 되게 해 주십시오(170).

정녕 우는 자와 함께 울라는 선명한 주님의 말씀으로 돌아서야 하는 내 조국교회를 향한 서릿발 같은 기도가 아닐 수 없다. 재일학자 강상중은 이렇게 갈파한 적이 있다.

야비한 환희에서 오는 쾌감이 악을 매력적인 것으로 보이게 할 수 있다. 하지만 악은 근본적으로 이 세계의 부정이며 극히 진부한 병에 지나지 않는다.[*]

강 교수의 말대로 악이 진부한 병이고, 이 세계의 부정(否定)이라고 정의한 표현에 필자가 동의하는 이유는 울고 있는 자에게 필요한 것이 함께 우는 것임에도 불구하고 그 울음에 잿빛을 드리우는 것이 곧 악이라고 지적한 강 교수의 말이 진정성 있게 다가와서다. 필자는 생각해 보았다. 하나님이 원하셨던 선은 무엇일까? 비틀거리는 자의 어깨를 부축하여 함께 일어나게 해 주는 것이지 않을까. 비를 맞는 자에게 우산을 씌워주는 일이라는 소극의 접근보다 함께 비를 맞아주는 것이라는 적극의 의미는 아닐까에 점수를 더 높이 주고 싶다. 그래서 그런지 저자가 드린 10월의 기도 중 말미에 드린 간구함이 아름답게 다가온다.

주님의 능력 안에 있을 때 삶은 축제가 되지만, 주님을 잊고 살 때 삶

---

[*] 강상중/노수경 옮김, 『악의 시대를 건너는 힘』 (서울: 사계절, 2015), 106.

은 잿빛으로 변합니다(172).

주님을 잊고 사는 악에서 벗어나고 싶은 마음 간절하다.

11월에 드린 기도

주님의 영은 사람을 일으켜 세워 독립의 사람이 되게 하십니다
(197).

저자의 이 옹골찬 확신 때문에 나도 이렇게 기도하고 싶어졌다. "주님, 나를 독립의 사람이 되게 하시옵소서." 독립군이 되게 해달라는 기도가 멋쩍기는 하지만 그래도 내심 갖고 있는 진정성이 있는 기도이다. 이 기도를 받아들일 용기는 앞에 있는 주어, "주님의 영은" 때문에 생긴 것이다.

루터교 일본 선교사인 로이드 R. 니브는 그의 걸작인『구약의 성령론』에서 통상 '성령' 혹은 '하나님의 영'으로 번역된 히브리어 '루하흐'에 대한 다양한 정의 중에 인상 깊은 해석을 내놓았는데 이렇게 해설했다.

루하흐는 야웨의 거룩한 의지를 의미한다. 이러한 해석은 루하흐는
단순히 감정 혹은 성격으로 해석하려는 시도를 배제한다.*

---

* 로이드 R. 니브/차준희 옮김,『구약의 성령론』(서울: 새물결플러스, 2017), 242.

니브의 해석에 동의한 것은 바로 '거룩한 의지'라고 하나님의 영을 통찰한 부분 때문이었다. 필자는 섬기는 교회에서 교우들에게 성령을 설명할 때, 감정적인 해석을 철저히 배제하려고 노력한다. 도리어 성령의 의미를 나누는 과정에서 가장 많이 언급하는 부분이 바로 '진리로 이끄시는 영'이다. 적어도 이 해석을 받아들인다면 마땅히 성령은 주목한 하나님의 사람들을 사람에게나 사물에게 의지하는 타성적 존재로 만드는 영이 아니라 스스로에게 자문하고 또 자답할 수 있는 의지적, 독립적 존재로 만드시는 인격의 영이심 또한 수용해야 하지 않을까 싶다. 그리스도인이 세상의 흐름과 힘의 논리에 따라 좌지우지되는 것은 그래서 수치다. 필자와 독자들은 그래서 이렇게 기도해야 하는 것이 맞다.

"주님, 나를 독립군 되게 하소서."

12월에 드린 기도

근래 성탄의 계절이 될 때마다 느끼는 혼란스러움이 있다. 어렸을 때 두근두근 거리던 설렘이 어디로 갔는지를 도무지 찾지 못하겠다는 마치 미로에 들어선 듯한 그런 느낌말이다. 그러다가 나이 탓으로 돌려 자위를 하긴 하지만 실상은 성탄이라는 계절에 아기 예수께서 이 땅에 오신 정신을 먼저는 교회가 상실했고, 그것과 편승해 사회는 가일층(加一層) 예수 지우기에 나선 아주 기막힌 팀워크 때문인 것이 분명하다. 교회가 잃어버린 아기 예수의 정신이 무엇일까? 저자는 12월에 드리는 기도에서 너무 적확하게 그 답을 기도로 제시한다.

우리로 하여금 추우면 스산해지는 사람들의 시린 마음을 덮어 줄 하
늘 이불이 되게 해 주십시오(203).

그렇다. 우리 교회가 잃은 것은 거창한 것이 아니다. 하늘 이불 정
신이다. 추워하는 사람들을 덮어 줄 하늘 이불 정신 말이다. 그래서
그런가! 저자의 이 기도는 심금을 울린다. 누군가가 쓴 글로 크리스마
스의 정의를 읽었다. "산타가 예수를 초청한 날" 웃프고, 아프다. 어떻
게 하다가 이 지경이 되었는지. 나는 사랑하는 교회가 이불 정신을 회
복하는 공동체이었으면 좋겠다. 그럴 때 어려서 느꼈던 그 감동의 설
렘을 다시 느낄 수 있기에 말이다. 기도 자체와 또 기도의 내용 자체가
참 부박한 시대에 목사로 살면서, 생각하는 한 목회자의 기도에 동참
하면서 마음이 풍요로워지는 호사를 누렸다. 놓치기에는 너무 아쉽고
아깝기에 책을 덮으며 이렇게 책 뒷면에 여운을 남겼다.

동 시대에 같은 하늘 아래에서 같은 이런 기도를 드릴 수 있는 선배가
있어 감사하다. 배울 수 있는 선배, 내가 아프고 고플 때, 괴로울 때
털어 놓아도 괜찮겠다고 생각할 수 있는 선배 목사가 있어 너무 감사
하다. 헤프지만 않다면 투정을 부려도 마음을 받아 줄 것만 같은 믿음
의 동역자가 있어 행복하다. 선배의 기도가 이 땅에서 이루어지기를
나도 중보한다.

눈부신 초대에 황홀해
영혼의 노래를 불렀다

『아슬아슬한 희망』(2014년)을 읽고

헛질하지 않기

아슬아슬하지만 그래도 그 아슬아슬한 것이 희망이라서 좋았다. 그 희망이라도 바라볼 수 있으니 말이다. 말장난일지는 모르겠지만 아슬아슬하니까 그 희망이 더 간절한 것은 아닐까 싶다. 나는 언제부터인지 김 목사의 글 팬이 되어 있다. 필자처럼 시니컬한 자가 김 목사의 글 팬이 되어 있는 이유가 무엇일까? 가끔은 신기해서 자문한다. 그러다가 자답(自答)하는 것이 있다. 그것은 바로 그의 글이 편벽되지 않음이다. 필자는 1년에 약 100여 권 정도의 책을 정독하며 읽는 편이다. 읽으면서 가끔 느끼는 것이 있다. '헛질했네'이다

시간이 너무 귀한 것을 알고 있는 목사이기에 참 나쁜 책(필자의

주관적 판단)을 만났을 때는 쓸데없는 독서를 하면서 아까운 시간을 허비했다는 허탈함에 많이 속상하다. 내가 헛질이라고 말하는 책의 저자들이 갖고 있는 단면이 있다. 생각의 강요이다. 어떤 책은 해도 너무하다는 생각이 들 정도로 그렇다. 목사가 저자인 경우에 이런 헛질을 유도할 수 있는 가능성이 농후한데 김기석 목사의 글은 읽을 때마다 이런 기우에 통타를 날린다. 그는 수구적이지 않다. 항상 개방적이다. 그래서 생각할 수 있는 선택의 여지를 남겨놓는다. 그의 글은 항상 신선하다. 특히 구도자의 길을 가고 있는 그리스도인들에게 아주 선명한 감동의 족적을 남긴다. 감사하게도 그는 항상 약한 자의 편에 있다. 그는 늘 을의 편에 있다. 그는 눌린 자들에게 희망의 메시지를 선포한다. 그래서 나는 그의 일성(一聲)에 귀를 쫑긋하려고 무던 애를 쓴다. 어떤 경우에는 눈을 부라리고 쳐다보며 집중하려고 노력한다. 그러다 보면 가끔은 아프지만 매도 맞는다. 그 매를 맞을 때는 정신이 번쩍 든다. 그래서 매 맞는 내가 행복하다. 동시대를 살아가는 목사로 그리고 약간 시대에 뒤쳐진 목사 후배로서 그의 조용한 사자후는 항상 나를 경책시킨다.

또 하나 그의 팬이 된 이유는 그의 폭넓은 독서력을 통하여 얻는 도전과 배움이다. 공부하는 목사 선배로 따라가기에 참 괜찮은 선생이다.『아슬아슬한 희망』에서 필자는 또 한 번 그에게 배웠다. 그는 한 번도 나를 실망시키지 않았다. 그래서 그의 글을 통해 알게 된, 그가 섭렵한 책들을 나도 모은다. 부스러기 때문이다. 그 부스러기를 주워 담는 것만 해도 목사로서 수지맞는 일 중의 하나이다. 이제 그 희망의 줄타기를 해보자.

샛별을 품에 안고

저자는 생명의 소중함을 기적이라는 단어로 표현한다. 세월이 참 빠른데 살아있다는 것은 기적이라고 예찬한다.

> 내가 기적인 것처럼, 지금 우리 앞에 있는 모든 이들이 기적이다. 그렇기에 누구도 함부로 대할 수 없다. 자기 생명이 기적인 줄 모르는 이들만이 타자를 함부로 대한다(24-25).

가만히 생각해보면 그의 말에 일리가 있다. 아침에 일어나보니 호흡을 하고 있는 나, 그냥 주어진 우연이라고 생각하는 자는 사유가 없는 자이다. 여전히 아침에 호흡을 하고 숨을 들이마시고 내뿜을 수 있는 것은 창조주의 은혜요 기적이다. 절친이 있다. 인천에서 도시 빈민 사역을 하며 하늘을 품고 사는 친구이다. 친구는 어려서 심장 질환을 앓아서 지금도 심장에는 기계가 도움을 준다. 언젠가 친구가 이런 감회를 필자에게 토설한 적이 있다.

> 언제든지 심장에 들어 있는 기계가 멈출 수 있는 가능성을 지니고 사는 사람과 정상적인 심장을 갖고 있는 사람이 맞이하는 아침이 같을 수 없다.

정답이지 않은가? 그러나 절친의 말에 동의하면서 나는 한 가지를 덧붙이고 싶다.

그도, 나도 아침에 호흡을 할 수 있다는 것은 동일한 기적이다.

나에게 주어진 또 한 번의 삶이 이어지는 기적임을 알고 사는 자는 겸손하게 살 수 밖에 없다. 기적의 신비를 알고 있기에 말이다.

'어' 하면 '아' 하지 말게 하자.

상투적인 언어를 깨뜨리자고 저자는 苦言(고언)한다. 특히 목사가 행하는 상투어에 대하여 적극적으로 비판적이다. 그는 이렇게 직설했다.

> 설교단에서 매 주일 선포되는 말씀이 '사건'을 일으키지 못한다면, 또한 성도들의 일상에서 작동되지 않는다면 그처럼 슬픈 일은 또 없을 것이다(33-34).

이렇게 전제한 저자는 상투적인 언어로 도배한 설교자들을 향하여 통타를 날린다.

> 오늘의 목회자의 과제가 있다면 상투어로 변해 버린 종교적인 언어를 우리들의 일상의 언어로 새롭게 번역하는 일이 아닐까?(34).

전적으로 동의한다. 설교자가 설교단에서 서서 선포하는 말은 그 순간 하나님의 영의 역사와 임재로 로고스가 레마로 바뀌는 혁명이 일어나야 하는 강력의 원천이라고 필자는 생각한다. 이것을 구약적인 의미로 적용한다면 설교자의 설교는 항상 '다바르'의 해석을 말해야 한다는 의미일 것이다. '하나님의 말'로의 선언은 상투적일 수 없기에 말이다. 언어학자 윤상현은 이렇게 갈파했다.

> 모든 것은 존재한다. 존재하는 모든 것은 무게를 갖는다. 그 존재는 우리들의 인식과는 상관없이 존재한다. 우리가 모르는 것은 '없는 것'이 아니라 '모르는 것'이다. 우리가 아는 정도에 따라 존재의 무게감은 달라질 수 있다. 하지만 왜 없지 않고 있는가? 라는 질문만큼 존재는 무거운 것이다.[*]

윤 박사의 글을 읽다가 생뚱맞은 생각을 해 보았다. '없지 않고 있는 존재' 중에 가벼운 존재는 없는데, 그 존재에 대한 사유함과 성찰함을 통해서 이야기되는 일체의 언어들이 상투적이라는 것이 말이 되는가 하는 도전적인 생각 말이다. 깊은 사유함은 천박할 수 없다. 존재의 깊이와 무게를 알기 때문이다. 일상의 언어를 그러므로 상투적인 가벼움으로 대치해서는 안 된다. 비상투성과 신선한 언어로의 접근은 이 시대를 치료하는 화두가 될 수 있다는 점에서 포기할 수 없는 목회자들의 책임이다.

봄바람 만드는 사람!

저자는 그리스인 작가 니코스 카잔차키스가 쓴 『성 프란체스코』에 나오는 한 예를 소개한다.

---

[*] 윤상현 · 김준형, 『언어의 배반』 (서울: 뜨인돌, 2013년), 276.

한 겨울에 아몬드나무에 꽃이 만발했다. 주변의 나무들이 일제히 아몬드나무의 허영심을 비웃었다. '저렇게 교만할 수가! 생각해 봐, 저 나무는 저렇게 해서 자기가 봄이 오게 할 수 있다고 믿는 모양이지!' 아몬드나무 꽃들은 부끄러워서 얼굴을 붉히며 말했다. '용서하세요, 자매님들, 맹세코 나는 꽃을 피우고 싶지 않았지만 갑자기 내 가슴속에 따뜻한 봄바람을 느꼈어요'(38-39).

이 글을 쓰고 있는 시간에 신문, 방송, 인터넷은 '브렉시트'의 충격으로 뒤덮였다. 앞으로 세계 경제가 어떻게 될 것인가? 우리나라에 직간접적으로 미칠 영향에 대하여 분석하는 기사로 도배되었다. 저기압, 고기압 군(群)을 별도로 구별하여 향후 대책을 강구하는 모양새가 마치 세계대전이 일어날 것 같은 분위기다. 이제 얼마 있으면 삼복더위가 찾아올 터인데 전 세계는 한랭전선 모드이다. 그 어디에서도 봄바람의 기운은 찾아볼 수 없다. 저자도 말했지만, 봄바람의 기운으로 우리들의 마음이 흔들리는 바람기(?)가 여기저기에서 나타났으면 좋으련만 기운도 없어 쓸쓸하다. 목사로 사는 나의 역할이 새삼스러워진다. 봄바람 만드는 사람! 그러고 보면 목사는 참 할 일이 많은 직업이다.

영악함을 포기하는 삶

저자의 글 중에 필자가 참 많은 감동을 받은 대목이 있다. 소개한다. 영화감독인 타르코프스키의 순교 일기 내용이다. 파반다 출신의 파베라는 이름을 가진 수도승이 한번은 말라 죽은 나무 한 그루를 가져다 산 위에 흙을 파고 심었다. 그리고는 요한 콜로그에게 이 앙상한 나무에 매일 물을 한 동이씩 주어 열매가 열릴 때까지 하라고 명했다. 물가는 멀리 떨어져 있었기에 요한은 저녁 때 다시 돌아오기 위해 아침 일찍 출발했다. 3년이 지난 후, 나무는 다시 싹이 나기 시작했고, 열매를 맺기 시작했다. 노수도승은 열매를 따 교회의 수도자들에게 나누어 주면서 이렇게 말했다.

어서 이리들 와서 順命(순명)의 열매들을 맛보도록 하시오(50-51).

저자는 이 글을 소개한 후에 이런 부연을 했다.

하나님을 믿는다는 것은 어쩌면 영악한 사람이 되기를 포기하는 데에 서부터 시작되는 것은 아닌지 모르겠다. 지금도 누군가 죽은 나무에 물을 주고 있는 자가 있다. 지금 우리가 누리고 있는 생의 열매도 누군가의 희생과 헌신의 열매일 것이다(51).

목회의 현장에서 어언 30년을 사역을 하다 보니 무당(?)이 다 된 느낌이 들 정도로 내 스스로에 경악할 때가 있다. 교회 공동체 안에서 만나는 수많은 사람들 중에 머리를 비상하게 돌리는 영악한 자들이 한 눈에 들어오는 무당 기질이 나에게 있다는 사실을 발견하였을 때이다. 하나님께 이들도 보듬을 수 있는 능력과 포용성을 달라고 수없이 기도하는데 그들에 대한 나의 반응은 영 신통치가 않다. 이 글을 쓰고 있는 지금도 섬기는 교회의 지체들을 슬라이드가 지나가는 영사

기처럼 떠올리면 영악한 자들과 미련하리만큼 순종하는 교우들이 흑백 무성영화처럼 분명하게 보인다. 필자도 인간인지라 그럴 때 영악한 사람에게는 말투 자체도 곱지 않게 나간다. 그런 나를 보면서 못난 목사의 기질을 다시금 확인하며 내가 참 작아짐을 느낀다. 이 판단의 굴레에서 벗어나기 위해 무던 애를 쓰는데 그들을 포용하기가 녹록하지 않다. 아마도 영악한 자들을 극복하는 방법은 내 스스로가 영악함에서 벗어나는 일이리라! '이 모난 자를 목사로 만드셔서 당신이 참 힘드십니다'라고 고백하니 무슨 목회가 되겠는가? 그래도 포기하지 않고 드리는 기도는 이것이다. 살기 위해서 말이다.

"주여, 영악함을 버리게 하옵소서!"

솔직하기라도 했으면

2014년 필자는 랭던 킬키의 『산둥수용소』를 늦깎이로 만났다. 그렇게 지각생으로 랭던 킬키를 만났지만 2014년 필자에게 보상이라도 하듯이 그의 책은 그 해 최고의 책이었다. 읽는 중에 한참이나 기웃거리고 머뭇거리게 했던 부분을 잠시 소개하고 싶어진다.

1945년으로 막 넘어가는 연초에 위현 수용소에는 일본 패망 직전 시기였기에 식량 배급이 현격하게 줄어 1,450명의 수용소 인원들이 적지 않은 배고픔의 고통을 당하고 있어서 많은 사람들이 예민해져 있었다. 하루에 섭취할 칼로리의 1/3도 안 되는 식량으로 버티다보니 상당수의 사람들이 영양실조에 걸려 허덕이고 있는 상태였기 때문이다. 바로 그때 미국 적십자사에서 인도적 차원으로 보낸 구호물자가 1,500개 정도의 꾸러미로 포장이 되어 수용소에 반입된다. 당시 수용소에 수용된 미국인은 약 200여 명이었기에 미국 사람들은 한 사람당 7-8개의 구호물자 꾸러미를 받게 되는 셈이 되어 환호성을 지르며 좋아했다. 그러나 일본 당국은 그 구호물자를 미국인들에게만 주기로 하지 않고 수용소에 있는 다국적 인원 전부에게 한 꾸러미 정도씩을 분배하고 미국인들에게는 두 꾸러미를 주는 계획을 세워 수용소 인원들 전부에게 혜택이 돌아가도록 하는 계획을 세운다. 일이 진행되려는 순간, 수용소 당국은 본인들이 세운 계획을 철회한다는 발표를 하는데 이유는 젊은 미국인 7명이 반기를 들었기 때문이다. 미국 적십자에서 보낸 것은 미국인들의 재산이기에 다국적 사람들에게 주는 것을 용인할 수 없다고 태클을 건 것이다. 이런 이유로 전 수용소 인원에게 구호물자를 골고루 분배하려는 계획은 유보되고 일본 정부에게 유권해석을 요청하고 그 결과를 기다려야 했기에 당분간 물자 지급을 보류하게 된 것이다. 이로 인하여 수용소 내에 있었던 미국인들은 다른 나라 사람들에게 미운 털이 박히게 되었고 여기저기에서 폭력이 발생하는 일촉즉발의 상황이 된다. 이것을 안타깝게 여겼던 책의 저자인 랭던 킬키 박사는 미국인들 중에 대중적인 영향력을 미칠 수 있었던 사람인 변호사 출신 수감자인 리키 콜첵과 선교사 출신의 수감자 그랜트를 찾아가서 공동 분배를 설득하지만 오히려 그들은 교묘한 이기적 논리로 더 적극적으로 나눔이 부당하다고 고집하고 거부하는 탓에 뜻을 이루지 못하게 된다. 결국 이 구호물자 에피소드는 일본 당국의 결정을 기다린 끝에 수용소 전 인원들에게 1인당 한 꾸러미를 지급하고 남는 것은 다른 수용소에 보낸다는 결정이 나서 미국인들은 사람도 잃고 신의도 잃는 닭 쫓다가 지붕 쳐다보는 개의 신세로 전락해 버리게 된다. 이 사건을 경험한 랭던 킬키는 책에서 다음과 같은 메시지를 전해 준다.

> 우리는 자신의 진짜 욕망과 욕구를 스스로에게 감추기 위해 직업적이
> 거나 도덕적인 옷을 입는다. 그리고는 이기적 관심이라는 진짜 속내
> 대신에 객관성과 정직이라는 겉옷을 걸치고 세상에 나간다.*

필자는 킬키 박사의 글을 읽다가 소스라치게 놀란 것이 하나 있었
다. 나 또한 내 안에 똬리를 틀고 있는 진짜 욕망과 욕구를 너무 완벽
하게 포장하고, 내 변장술에 많은 사람들이 속고 있다는 점 말이다.
소름이 끼쳐 글을 읽고 절치부심하는 마음으로 생각하며 살기로 한
것이 있다. 자신이 없으면 솔직하기라도 하자!

우물에서 숭늉 구하기

저자는 이런 혜안을 내놓는다.

> 고요히 앉을 줄 모르는 사람에게 성찰을 요구하는 것은 우물에서 숭
> 늉을 구하는 것과 같다(71).

저자는 사유의 중요성이 얼마나 지난한 싸움인지를 고변한 것이며 더
불어 이것이 얼마나 고귀한 것인지를 에둘러 표현한 것이다. 현대인
들의 참 아픈 비극은 무리 지음이다. 무리 지음은 스스로 왕따를 당하

---

* 랜던 킬키, 『산둥 수용소』 (서울: 새물결플러스, 2013), 199.

지 않으려는 몸부림의 반향이리라. 그렇지만 그 몸부림의 반향은 나를 더욱 외롭게 한다는 사실을 모른다. 내가 외로움이라는 서늘한 괴로움에서 벗어나는 것은 무리 지음이 아니라 홀로됨이라는 역설이다. 저자는 책에서 외로움과 고독은 양면의 날과 같은 것임을 신학자 폴 틸리히의 지론으로 소개한다.

> '외로움'은 모든 것으로부터 단절되는 데에서 오는 '홀로 있음의 고통'
> 이지만, '고독'은 내 존재의 근원과 하나 됨의 희열을 누리는 '홀로 있
> 음'의 영광이다(73).

저자가 소개한 폴 틸리히의 갈파에 상당한 박수를 보내고 싶다. 왜인가? 무리 지음이라는 몸부림에는 결코 내 존재의 근원과 하나 되는 기쁨을 맛볼 수 없다는 것에 전적으로 동의하기 때문이다. 이것이야말로 마치 우물에서 숭늉 찾는 꼴이 아니겠는가?

생거먼대학 학장으로 일하면서 개발된 문명에 도전하던 깨어 있는 지식인 리 호이나키는 일리노이 주의 농촌으로 돌아와 그가 꿈꾸던 생태주의적인 세계를 그리며 살던 나날을 다음과 같이 회상했다.

> 일상적으로 마음을 분산시키는 현대적 미디어가 아무 것도 없는 곳에
> 서 나는 자유롭게 사색했다. 직업상의 불가결한 구성부분으로 독서
> 를 하는 생활을 포기한 후에 나는 이런 삶의 독서를 했다. '오늘날 육
> 화된 독서는 어떤 것인가? 아직도 글을 읽고 쓴다는 것에 대한 믿음
> 을 갖고 있는 사람들에게 오늘날 글을 읽고 쓴다는 것은 도덕적으로
> 무엇을 의미하는가?' 나는 이런 질문을 해 볼 수 있는 거리와 여유를

발견하였다.*

호이나키가 이런 통쾌한 성찰을 할 수 있었던 근원이 어디에 있었을까? 그의 말대로 그가 선택한 곳은 현대적 미디어가 전혀 없는 촌스러움의 극치를 달리고 있는 환경이었기에 오히려 그곳에서의 고독함이 자기 존재의 근원을 질문할 수 있는 기회를 주었고, 그 결과 그는 후대의 생각하는 지식인들에게 삶으로 실천하는 깨어 있는 지성적 교훈들을 남겨준 선생님이 될 수 있었다. 이 시대의 비극은 분주함이다. 더불어 전혀 내적인 감동과는 관계없이 홍수같이 쏟아지는 수많은 이야깃거리들이 나와 항상 같이 있다는 것이다. 하나님이 나와 함께 하시는 임마누엘이 아니라 고독함을 경계하게 하는 시끄러움이 함께하는 것이다. 이런 일에서 스스로를 경책하지 않는 한, 우리들 스스로는 사유함 없이 매번 우물에서 숭늉 찾는 어처구니없는 일을 자행할 것이 분명하기에 안타깝다.

변화시키지 못한다면 변질되지는 말아야지

한 의인이 소돔에 갔다. 소돔 사람들을 죄와 벌에서 구원하기 위해서였다. 그는 밤낮으로 거리와 시장을 돌아다니며 탐욕과 도둑질, 거짓과 무관심을 버리라고 설교하였다. 사람들은 그의 말을 듣고 빈정거리며 웃었다. 얼마 지나지 않아 사람들은 그의 말에 더 이상 귀 기울이지 않았다. 그는 이미 소돔 사람들에게 홍미의 대상이 아니었던 것

___
* 리 호이나키/김종철 옮김, 『정의의 길로 비틀거리며 가다』 (서울: 녹색평론사, 2011), 147.

이다. 살인자들은 계속 살인했고 현자들은 계속 침묵했다. 어느 날, 의인에게 아이가 다가와 아무 소용도 없는 외침을 왜 계속하느냐고 물었다. 그러자 의인은 자기가 사람들을 변화시킬 수 없다는 사실을 알지만 소리를 치는 이유를 이렇게 말했다. 내가 소리를 치는 이유는 그래야 사람들이 나를 변화시키지 못하기 때문이지"(88).

필자는 저자가 소개한 엘리위젤의『팔티엘의 비망록』도입부에 적은 이 글을 섬기는 교회에서 참 많이 인용하며 교우들과 나누었다. 그리고 절판 된 이 책을 서울에 있는 제자를 압박한 끝에 어렵게 손에 넣은 후 단번에 읽고 벼락을 치는 감동을 받았다. 저자도 이 글을 맨 처음 읽었을 때의 감회를 마치 감전이라도 된 충격이었다고 했다. 엘리 위젤의 이 글을 읽었는데 별 감동이 없다면 그가 어찌 정상인이겠는가? 변화시키지 못한다면 변질이라도 되지 않아야 하는 것이 이 시대를 사는 목사의 마지노선이 아닐까?

1992년 목사 안수를 받았다. 안수자의 손이 올라올 때 하나님께 다섯 가지를 약속했다.

① 목회의 본질인 예수님이 가신 길에서 이탈하지 않겠습니다.
② 정치하는 목사가 되지 않겠습니다.
③ 물질에 굴복하지 않는 목사가 되겠습니다.
④ 갈라디아서 1:10절의 말씀을 가슴에 품고 사역하겠습니다.
⑤ "자기의 창문을 통해서 응시하는 무신론자가 자기가 만든 거짓된 하나님 상에 사로잡힌 신앙인보다 하나님에게 더 접근해 있다"라고 갈파한 마틴 부버의 일침대로 거짓된 하나님 상에 사로잡한 목

사가 되지 않겠습니다.

24년 전에 하나님께 드렸던 이 다섯 가지의 맹약은 현재진행형이다. 이 다섯 가지의 약속이 흐려지고 흔들릴 때도 있다. 그러나 그때마다 소리를 지르면서 다섯 가지를 외운다. 그리고 곧추 세운다. 왜? 굳이 엘리위젤의 말을 적용한다면 변질되지 않기 위해서이다. 기본만이라도 하는 목사가 되었으면 싶다.

지면의 궁색함을 핑계로 한 가지만 더 나누고 싶다. 루벤스의 작품 '그리스도의 진노로부터 세상을 지키는 성도미니크와 성 프란체스코'의 그림 삽화에 관한 교훈이다. 저자는 이 그림을 소개하면서 이런 사족을 달아 놓았다.

오늘의 교회는 과연 그리스도의 진노의 팔을 막고 있는가? 자신 있게 그렇다고 대답할 수 없다. 이미 부유해진 교회, 부유해 지고 싶은 교회에는 그리스도가 머물 자리가 없다. 십자가를 잃어버린 교회는 무너지는 게 당연하다. 세속적인 성공의 유혹에 저항하고, 스스로 가난해지려는 노력 없이 교회는 새로워지지 않는다(226).

루벤스의 '진노의 팔을 붙잡은 손'의 성화에 대한 해석은 2015년 필자가 섬기는 교회의 신년감사 주일 예배 예화로 삽입할 정도로 전율하는 은혜를 나에게 주었다. 주님의 마음을 닮으려는 격정적인 그리스도인으로서 삶으로 결단을 하는데 그리고 섬기고 있는 교회의 영적인 자존감을 고취시키는 데에 소름끼치는 감동을 주었다. 예수 그리스도의 진노를 유예시킬 수 있는 능력이 나에게 있는가? 1년 내내 물으며 곱씹었다. 더불어 내가 섬기고 있는 교회에 있는가도 물었다. 더 고집을 피려고 한다. 주님이 이 땅에 오시는 날까지 내내 질문하며 사역하려 한다. 그래서 저자의 말대로 아슬아슬하지만 아직도 한국교회와 필자에게 기대를 걸고 계시는 주님의 희망을 꺾지 않는 호모 크리스티아노스가 되려고 몸부림쳐 보련다.

흔들려서 더 아름다웠던
신앙의 선배들 추적하기

『흔들리며 걷는 길』(2014년)을 읽고

순례 역정

2001년, 현재 100주년 기념교회를 섬기고 있는 이재철 목사께서 본인의 모교인 장로교 신학대학교 신학대학원에서 행했던 신앙 수련회 원고를 정리해서 출간한『비전의 사람』이라는 소책자가 있다. 당시 그의 글을 읽는 중에 프랑스 동쪽에 위치해 있는 떼제 공동체에 대한 비판적인 글을 읽었던 기억이 생생하다. 이재철 목사는 글에서 '떼제'라는 영성 공동체 자체에 대한 비판이라기보다는 그곳을 습관적으로 찾는 한국교회 목사들에 대한 부정적인 의견을 피력했다. 그의 지론에 의하면 많은 한국교회의 목회자들이 프랑스의 '떼제'까지 찾아가 그곳에서 깊은 영성 체험을 하며 나름 영적 만족을 얻고 돌아가는 것에 대하여 극하게 반대하지 않는다. 그러나 문제는 습관적인 방문이라는 점임을 분명히 한다. 왜 본인들이 섬기고 있는 삶의 현장, 목양의 현장에서 현존하시는 하나님을 경험함으로 이루어지는 진정한 하나님과의 교제를 마다하고 다시금 떼제까지 가서 하나님과의 만남을 가져야만 하나님에 대한 영적 만족을 경험했다고 생각하는가에 반문을 던진 것이다. 읽으면서 공감했다.

2014년 목회자로 닮고 싶은 또 다른 선배인 김기석 목사의 여행 소회문인『흔들리며 걷는 길』을 접했다. 40일간 유럽의 여러 나라들 즉 이탈리아, 터키, 조지아, 아르메니아, 프랑스 등의 기독교적인 색채와 유적들이 즐비한 나라들을 여행하면서 영성 여행 일기의 내용으로 기독교적인 흔적들을 소개한 김 목사의 글을 접하면서 직접 가보지는 않았지만 나름 그곳들이 어떤 색채를 띠고 있는지에 대하여 간접적으로 느껴보는 배움을 갖게 되었다. 필자가 주목하고 싶은 것은 이 책의 말미에 김 목사가 약 일주일 정도 머문 떼제 공동체에 대한 감회들이다. 김 목사는 떼제에서의 머무름을 아주 긍정적으로 평가하고 있다. 그는 떼제 공동체에서 느낀 가장 두드러지는 영적 감동을 다음과 같은 단어들로 정리한다. '긴 침묵', '노동', '사귐이라는 관상(contemplation)', '깊은 기도', '제도화 되어 있지 않은 영성 사모' 등등이다. 물론 떼제 공동체 안에 있는 수사들의 성경공부 그리고 그들에 의해서 드려지는 예전 등등은 기본적인 틀 안에서 공유되는 또 다른 영적 매력들임을 전제한다. 김 목사는 떼제에서 경험한 일주일간의 이런 영성 체험이 참 귀하고 아름답고 소중한 추억이었음을 회상했다.

필자는 전술한 두 선배의 설교를 가능한 한 사이버 공간에서 놓치지 않고 들으려고 노력한다. 동시에 그들에 의해서 간행된 책은 거의 섭렵할 정도로 그들의 목양적 철학, 정신 그리고 방향성에 대하여 공감해 왔다. 그래서 두 사람에 대한 떼제 공동체에 대한 접근과 이해가 개인적으로 나에게는 또 다른 신선함으로 다가왔다. 같은 마음으로 존경하는 목사 선배들이지만 그들의 생각의 다름과 팩트에 대한 해석이 다양한 건강성을 주는 요소임을 또 다른 관점에서 배울 수 있었기 때문이었다. 근래 들어 작금의 정부에 대하여 절망하고 있는 것 중에 하나가 소통 불가인데 다름에 대한 다양성이 얼마나 진보적인 발전에 도움을 주는지 이 정부가 깨달았으면 하는 마음 간절하다. 저자는 앞에서 열거한 나라들의 여행을 통해 다른 어떤 것보다 신실하신 하나님의 말씀이라는 현존 앞에서 신실하게 반응하며 삶을 영위했던 믿음의 선진들의 발자취를 추적한다. 김영봉 목사는 이스라엘의 땅을 밟는 성지 순례의 여정을 본인의 책 『팔레스타인을 걷다』에서 잔잔하게 이야기했는데 앞부분에서 아주 의미 있는 말을 남겼다.

> 파리에 가는 것은 여행이고, 예루살렘에 가는 것은 순례라고 말하곤
> 합니다. 하지만 더 중요한 것은 '어디에 가느냐'가 아니라 '어떤 마음
> 으로 가느냐?'입니다.*

이 태도로 저자는 흔들리며 길을 걷는다. 그래서 그랬나 보다. 글을 읽다보면 그의 글에 "순례자의 가장 큰 특권은 길을 잃을 권리"라고 한 흔적이 지천인 이유가 보인다. 이제 천천히 그의 길을 따라가 보자.

---

* 김영봉, 『팔레스타인을 가다』(서울: IVP, 2014), 13.

소수의 힘이라 더 버겁다

로마의 레푸블리카 광장 뒤에 있는 순교자들과 천사들의 성모 마리아 교회를 시작으로 성 어거스틴의 어머니 모니카의 무덤이 있는 교회인 비아 산타고스티노 교회를 지난다. 저자는 이 교회에서 어머니 모니카의 흔적들을 통해 어거스틴의 삶을 반추할 수 있었던 감동을 전해 준다. 아들의 회심과 주님의 사역자로 서도록 평생을 기도한 모니카를 생각해 낸 저자는 대만신학자 송천성의 갈파를 친절하게 소개한다.

하나님의 공동의 창조자는 어머니이다(29).

이상하게도 송천성의 갈파는 낯설지가 않다. 동양이든 서양이든 상관없이 어머니라는 에토스적인 단어를 통해 이 땅에 존재하는 하나님의 그림자를 본다는 점에 이견이 없기 때문인 듯하다. 작가 박노해는 이렇게 어머니의 사랑을 그렸다.

어린 시절 방학 때마다 서울서 고학하던 형님이 허약해져 내려오면 어머님은 애지중지 길러온 암탉을 잡으셨다. 성호를 그은 뒤 손수 닭 모가지를 비틀고 칼로 피를 묻혀가며 맛난 닭죽을 끓이셨다. 나는 칼질하는 어머니 치맛자락을 붙잡고 떨면서 침을 꼴깍이면서 그 살생을 지켜보았다. 서울 달동네 단칸방 시절에 우리는 김치를 담가 먹을 여유가 없었다. 막일 다녀오신 어머님은 지친 그 몸으로 시장에 나가 잠깐 야채를 다듬어 주고 시래기 감을 얻어와 김치를 담고 국을 끓였다. 나는 이 세상에서 그 퍼런 배추 겉잎으로 만든 것보다 더 맛있는 김치와 국을 맛본 적이 없다. 나는 어머님의 삶에서 눈물로 배웠다. 사랑은 자기 손으로 피를 묻혀 보살펴야 한다는 걸, 사랑은 가진 것이 없다고 무능해서는 안 된다는 걸, 사랑은 자신의 피와 능과 눈물만큼 거룩한 거라는 걸.*

박노해가 말한 위의 글을 읽었을 때 눈가에 눈물이 촉촉했다. 또 누군가가 이렇게 말한 것을 기억한다.

> 신이 너무 바빠 모든 사람을 다 돌볼 수 없어 어머니를 만들어 곳곳에 파송했다.

이렇게 시작한 저자의 낯선 길 여행은 방문하는 곳곳마다 진한 감동의 족적들을 남겨 준다. 캄포 데이 피오리 광장에서 화형을 당해 순교한 조르다노 브루노 동상과 만난 저자는 그의 죽음과 관련한 신학교 시절의 한 추억을 회상한다. 14세에 도미니코 수도원에 들어가 24세에 신부가 된 그는 철학, 수학, 기하학, 천문학 등을 섭렵하였고, 이윽고 코페르니쿠스의 지동설을 지지하다가 화형을 당하고 순교한다. 그는 죽음을 당하는 그 순간 종교 권력자들을 향하여 이렇게 외쳤다.

> 지금, 이 순간에 진정으로 두려워하고 있는 자가 누구인가? 그것은 죽음을 선고받은 내가 아니라 그것을 선고하고 내 육체를 불태워도 진

---

* 박노해, 『사람만이 희망이다』 (서울: 느린걸음, 2011), 204-205.

리를 없애지 못한다는 것을 알고 있는 바로 당신들이 아닌가?(31).

저자가 소개한 조르다노 브루노의 이야기를 담으면서 필자는 사랑하는 조국교회를 생각해 보았다. 교회가 세속화되어 교회에서 세상의 그림자를 더 볼 수 있고, 사람들의 비신앙적인 썩는 냄새가 더 진동하는 것을 느끼고 있는 이 시대에, "그건 아니요!"라고 외칠 수 있는 오늘의 조르다노 브루노가 과연 교회에 있는 것일까? 내 육체를 불태워도 진리는 불태워 죽일 수 없다고 말할 수 있는 브루노, 폴리갑은 내가 섬기는 교회와 조국교회 안에 있는 것일까? 저자는 이렇게 에둘렀다.

예수를 믿는다는 것은 다수의 사람들을 희생시킴으로 소수가 특권을 누리는 세상에 대한 부정을 내포하는 것이기에 시대와 불화할 수밖에 없다(33).

시대와 같이 가는 사람은 언제나 승승장구한다. 시대에 반하여 가는 자는 언제나 고통의 터널을 통과해야 한다. 그래서 좁은 길에는 언제나 사람이 없다. 낙스 대학교 설교학 교수인 브라이언 채플이 다니엘이 경험한 시대를 오늘의 우리의 시대에 빗대어 이렇게 통찰한 것을 본 적이 있다.

우리가 살고 있는 지금 이 시대는 생각보다 다니엘의 시대와 유사할지 모른다. 미국은 불과 몇 세대 전만 해도 기독교 문화 속에 다수가 믿음의 공동체를 이루던 시절이 있었다. 정치, 사회적 관습, 교회가 강조하는 가치들은 대부분 국민들이 기독교적 시각을 공유한다는 전제를 바탕으로 했다. 이제 그런 전제는 작동하지 않는다. 그리스도인은 소수라는 의식 속에서 스스로 길을 개척해야 하고, 교회가 거센 반대 속에 목소리를 내도 존중받거나 성공할 가능성을 기대할 수 없는 현실 속에 살고 있다.*

브라이언의 말 중에 절절한 대목이 있다.

"이제는 그리스도인이 소수다."

내가 살고 있는 이 땅의 현실은 어떤가? 우리는 미국처럼 기독교 문화가 아니다. 그러므로 교회 공동체 와해의 속도는 미국과는 상대할 수 없을 정도로 속도를 낼 수 있다. 한 지인이 한국교회 공동체의 균열 방식과 모양새가 미국교회와 너무나 흡사하다는 말을 했다. 아마도 그 지인은 미국의 근본주의적 성향이 짙은 선교사들의 영향이 한국교회의 큰 기저를 이루고 있기에 이같이 진단한 것처럼 여겨지지만 필자는 동의하지 않는다. 우리 한국교회는 미국교회와 같지 않다. 어떤 면인가? 성장의 내용면에서는 비슷할지 모르지만, 와해의 속도는 비교할 수 없다. 문화적 뿌리가 다르기 때문이다. 이것이 한국교회의 현실이며, 더 긴박한 위기감이다.

---

* 브라이언 채플/김진선 옮김, 『불의한 시대, 순결한 정의』 (서울: 성서유니온, 2014), 393.

가시적 교회에서 보는 비가시적 교회

몬테카시노에 있는 베네딕토 수도원에서 저자는 엄청난 가시적 교회의 위용을 만났다. 특히 바실리카 내부는 건물의 아름다움이 주는 압도 외에도 성인들의 이야깃거리로 넘쳐난다. 이 모든 것을 동시에 경험한 저자는 수도원에서 만난 일체의 조형물과 경험들 앞에서 정현종 시인의 말로 독백한다.

마음껏 찬탄하고 기뻐하되 우상화는 하지 말자(41).

그의 말이 눈물 나게 감사하다. 보이는 것에 대하여 현란할 정도로 목숨을 걸고 있는 오늘 이 땅의 교회들 한복판에서 비수와 같은 교훈이기 때문이다. 5년 전, 섬기는 교회 예배당을 소박하게 지어 하나님께 봉헌했다. 개척을 하고 3년이 되는 어느 날, 폐지를 줍고 고물상에 내다 파시며 생활하시는 권사님께서 씨앗 헌금이라는 명목으로 백만 원이라는 거금을 건축헌금으로 드리셨다. 권사님의 피보다 더 귀한 순교적 예물을 받고 몸 둘 바를 몰라 하나님께 질문했다. 하나님께 씨름하던 어느 날, 예배당 짓는 것을 전제로 섬기는 교회의 건축을 시작하였고 2층 월세 집에서 탈출하여 작지만 소박한 예배드리는 처소를 하나님께 올려드렸다. 건축을 앞두고 건축헌금을 위한 그런 통속적인 부흥회가 아니라 교우들 안에 있는 비가시적 교회를 세우기 위한 부흥회를 했다. 한세대학교에서 교편을 잡고 있는 신학교 동기인 차준희 교수를 초빙해서 예레미야 특강을 들었다. 교회 건축을 앞두고 신학교 교수를 불러 특강 부흥회를 했는데 친구가 내내 강조하고 간 메시지는 "이 성전을 헐라"가 주제였다. 기막힌 역설이었다. 그럼에도 불구하고 섬기는 교회의 지체들은 최선을 다해 가시적 교회의 외형인 예배당을 지었고, 더불어 비가시적 교회는 마음에 세웠다. 감사한 것은 지금도 필자와 함께 달려가는 지체들은 가시적 교회에서 비가시적 교회를 견고하게 만들기 위해 몸부림치고 있다는 사실이다. 함께 같은 길을 가고 있는 지체들이 정말 감사하고 고맙다.

'베드로의 쇠사슬 교회'에 도착한 저자는 모세상을 본다. 그곳에 있는 모세상은 미켈란젤로의 의도적인 작품임을 알려준다. 모세의 머리에 뿔이 나 있다. 왜 그런가? 간단한다. 시내산에서 내려온 모세가 이스라엘 공동체가 금송아지 우상을 숭배하는 것을 보고 분노한 모습을 상징화한 작품이기 때문이다. 저자는 모세상을 보면서 한국교회를 향한 하나님의 진노를 보는 것 같았다고 다음과 같이 섬뜩하게 회상했다.

한국의 많은 교회들은 이미 변형된 형태의 금송아지를 숭배하고 있지 않은가. 저항하기를 포기했기에 더 이상은 고난당하지 않는 교회, 풍요에 길들여져 있는 신앙생활, 값싼 위로에 탐닉한 신자들…(45).

필자는 이 진단에서 자유로운가? 그렇지 않기에 나 또한 긴장한다. 더 늦기 전에 하나님의 뜻을 향하여 돌이키는 한국교회가 되기를 소망해 본다.

시든 꽃과 같이 본질을 잃은 교회

저자는 아씨시에 있는 프란체스코 전교회 소속 바바라 미카렐리

수녀원으로 동선을 옮긴다. 그리고 그곳에서 헨리 데이빗 소로우의 월든을 생각해 낸다. 침묵의 의자 말이다. 내가 살고 있는 곳을 떠나 사색을 통해 곰비임비 스쳐지나간 나의 삶의 흔적을 반추해 보는 것은 또 다른 축복이 아닌가를 깨닫는다. 모처럼 필자는 저자가 부러워진다. 그는 그곳에서의 침묵과 사색을 통해 다음을 곧추 세운다.

교회는 건물이 아니라 정신이다. 교회를 세우기 전에 그리스도의 정신을 먼저 세워야 한다. 그것이 없다면 교회는 신의 무덤일 뿐이다 (54).

필자는 이 글을 읽다가 다시 정신을 차린다. 작년 연말에 웨스트민스터 신학대학원의 그레고리 비일 교수가 쓴『예배자인가? 우상숭배자인가?』와『성전 신학』이라는 책을 구입해서 열독했다. 비일은 교회에서 이루어지는 우상 숭배를 본질적인 차원에서 접근하면서 아주 중요한 통찰을 남겼다.

교회가 자신의 문제를 성경에 의지하여 해결하기보다는 경영 관리나 심리학에 호소함으로써 해결하려고 한다. 이때 일반계시의 영역이 주된 관심사가 되고 하나님의 특별 계시인 성경은 주변부로 밀려난 채 오히려 일반계시의 관점을 통해 이해된다.*

---

* 그레고리 K. 비일/김재영, 성기문 공역, 『예배자인가, 우상숭배자인가?』(서울: 새물결플러스, 2014), 436.

비일의 이 말이 필자에게 천둥처럼 다가왔다. 특별계시의 본질이 일반계시의 등장으로 인해 천덕꾸러기 신세로 전락하는 것을 오늘의 우상 숭배로 본 그의 혜안이 놀랍다. 더불어 읽으면서 가슴 졸이며 내내 물었던 개인적 물음은 나는 지금 우상 숭배자인가 하는 예민하고 진술한 질문이었다. 그리고 내내 나의 심령 안에서 싸운다. 나는 본질을 추구하는 예배자인가? 아니면 본질을 던져 버린 우상숭배자인가? 이 질문의 동기는 전적으로 흔들리며 길을 걷게 한 저자의 문제제기 때문이었다. 그리고 원했던 답을 저자가 대신해 주는 행운을 얻었다.

> 본질을 잃어버린 종교처럼 추한 것은 없다. 추하기만 하면 그래도 다행이다. 추할뿐만 아니라 위험하기까지 하다(55).

은퇴하는 날까지 이 정신과 고집이 흔들리지 않기를 기대해 본다.

가난한 그리스도 교회, 가난한 그리스도인

아씨시에서 저자가 줄곧 강조한 정신이 있다. 그것은 프란체스코 정신이다. 갖고 있었던, 이미 주어졌던 부유함이라는 기득권을 내려 놓고 가난해짐의 영성을 선택했던 성자 프란체스코 앞에서 저자는 독자들과 한국교회에게 목 놓아 소리친다.

> 욕망의 특색은 과도함이다. 과도함은 타자에 대한 배제를 낳는다. 테러와 분쟁과 전쟁의 뿌리에는 과도한 욕망이 있다. 그렇기에 종교는 욕망 충족을 약속할 것이 아니라 욕망에서 자유로운 삶을 가르쳐야

한다. 번영의 복음은 복음이 아니다. 많이 소유하고 적게 존재하는 삶이 있고, 적게 소유하지만 많이 존재하는 삶이 있다. 누가 풍부한 삶을 누리는 것인가?(66-67).

활화산 같은 감동의 비수이다. 카르체리 은둔소는 프란체스코가 선교지를 떠돌다가 다시 돌아와 기도하던 장소이다. 이곳에서 저자는 성자가 설교하던 아주 초라한 설교단에 올라섰을 때의 감회를 이렇게 적고 있다.

> 그 소박하고 초라한 설교단 앞에 서는 순간, 저 깊은 곳에서 걷잡을수 없는 설움이 북받쳐 올랐다. 예배에 참석하는 교인 수를 가지고 목회의 성공을 가늠하는 이들이 떠올랐기 때문이다. 그들은 어쩌면이 초라한 설교단을 비웃을지 모른다. 하지만 이 초라한 설교단으로부터 교회의 진정한 개혁이 시작되지 않았는가? 말을 잘 해서가 아니라 복음의 본질에 충실하려 했기에 그는 무너지는 교회를 가녀린 어깨로 떠받칠 수 있었던 것이다(72).

작은 교회의 목사들은 목회를 실패했기에 대형교회 목사들을 비난한다고 지적질하는 일부 대형교회 목사들이 버젓이 큰소리치고 있고 이것이 교회의 수준이니 울고 싶은 심정이다. 프란체스코 성당에 그려진 성화들의 공통점은 '청빈'이라는 저자의 토로가 귓가를 때리며 공명한다. 가난해지지 않으려는 교회, 가난과는 가능한 멀리 떨어지려는 교회, 그들이 해석하는 주님이 선포하신 8가지의 복의 제일 복은 딴 나라의 이야기이리라!

예수께서 눈을 들어 제자들을 보시고 이르시되 너희 가난한 자는 복이 있나니 하나님의 나라가 너희 것임이요(누가복음 6:20).

평화는 하나님의 판단에 동의할 때 이루어진다.

아씨시의 어디를 가든 'pax et bonum'(평화와 선)이라고 보고한다. 평화에 이르는 길은 없다. 평화가 곧 길이라는 말이 있다. 이런 면에서 프란체스코는 그가 평화였고, 평화로 가는 길의 역할을 했다. 오늘 한국교회가 평화로 가는 징검다리이고, '평화와 선'의 매듭짓기를 하는 결론이었으면 싶다.

거룩함이란 습관적으로 하나님과 한 마음을 갖는 것이며 거룩한 삶이란 하나님의 판단에 동의하며 그 분이 미워하시는 것을 미워하며, 사랑하시는 것을 사랑하며, 이 세상의 모든 일을 성경의 기준에 맞추어 사는 것이다(102).

저자는 영국 성공회 주교인 존 카를로스 라일의 말을 인용했다. '거룩'의 재조명이다. "하나님의 판단에 동의하는 것"이 거룩이라고 말이다.

필자가 섬기는 교회 옆에 석재가 있다. 돌 깎는 소리가 장난이 아니다. 소음을 견디는 것이 많이 힘들다. 반면 받는 은혜가 쏠쏠하다. 석공을 보고 있노라면 말이다. 누군가의 주문을 받고 비석을 만드는 석공을 보면 비 오듯 땀을 흘리는 동안 무지막지한 돌덩이를 깨고 부수고 다듬다가 하나의 예술적 완제품을 만들어 낸다. 소음의 고통이라는 대가를 주고 얻는 진풍경이다. 석공은 완제품의 목적에 해당되지 않는 것을 과감히 부순다. 그러다 보니 어느새 기막힌 작품이 된다. 신앙이라는 것이 무엇인지를 질문하다가 석공을 통해 배우는 감동과 교훈은 이것이다. 하나님의 판단에 동의하지 않는 일체의 것을 부수는 작업이 신앙이다. 내 자아와 고집과 이성과 판단을 부수는 것 말이다. 그럴 때 평화가 이루어지지 않을까 싶다.

평등한 안식이 하나님의 안식이다

> 사람들은 엿새 동안 힘써 일함으로 역사에 참여하고 이렛날은 성별함으로 역사를 넘어선다(156).

아브람 요수아 헤셸의 말을 저자가 인용했다. 저자는 단테가 『신곡』을 완성한 라벤나에서 너무나도 고요한 '안식'이라는 느낌을 경험했다. 그 경험의 소회를 이렇게 피력한 것이다. 6일까지는 역사에 참여하고 7일이 되는 날에는 역사를 넘어서는 것을 진정한 안식이라고 표현했던 헤셸의 말이 친근하게 다가온다. 필자는 '안식'이라는 개념을 아주 인상 깊게 해석한 학자로 한 명을 뽑으라면 컬럼비아 대학교의 구약 교수인 월터 브루그만 교수를 뽑고 싶다. 그는 신명기 5:12-14절에 기록된 신명기 신학의 안식일 계명을 아주 현대적인 의미로 잘 이해한 학자라고 판단했기 때문이다.

> 네 하나님 여호와가 네게 명령한 대로 안식일을 지켜 거룩하게 하라
> 엿새 동안은 힘써 네 모든 일을 행할 것이나 일곱째 날은 네 하나님

여호와의 안식일인즉 너나 네 아들이나 네 딸이나 네 남종이나 네 여종이나 네 소나 네 나귀나 네 모든 가축이나 네 문 안에 유하는 객이라도 아무 일도 하지 못하게 하고 네 남종이나 네 여종에게 너 같이 안식하게 할지니라(신명기 5:12-14).

신명기에 기록된 가나안 입성을 앞둔 이스라엘 신앙 공동체에게 야웨의 율법을 재강조하는 모세의 이 메시지 구절을 해석한 브루그만의 집요함을 따라가 보자.

이 계명은 시내 산에서 울려 퍼진 계명과 동일하다. 하지만 한 가지 주목할 만한 변화가 있다. 모든 존재가 다 쉬어야 한다는 점이다. 아들, 딸, 종, 소, 나귀, 가축, 이민자들이 다 쉬어야 한다. 모든 이가 똑같이 쉴 때 안식일은 평등을 실현하는 위대한 날이 된다. (중략) 가치 평가는 당연히 '가진 자'와 '가지지 못한 자', '중요한 자와 하찮은 자', '부자와 빈자' '무언가에 접근할 수 있는 자와 접근을 거부당하는 자'를 만들어 낸다. 그러나 안식일은 파라오의 시스템 강요가 만들어낸 그런 차등을 깨부순다.*

눈에 띄는 것은 브루그만의 안식일 준수 계명이 이집트 왕 바로의 정치와 폭력과 같은 길을 가지 말 것과 일체의 그런 폭력에 저항하라는 의미로 해석했다는 점이다. 신선했다. 이집트의 절대 폭력의 권력으로부터 430년 동안이나 철저히 인권과 권리를 박탈당했던 히브리 민족에게 주어졌던 것은 쉼이 없는 노동이었고, 착취였다. 이것이 바

---

* 월터 브루그만, 『안식일을 저항이다』, 87-88.

로 압제 치하 히브리인들의 자화상이었다. 그곳에서 탈출하게 하신 하나님께서 광야에서 그리고 가나안에서 혁명적인 안식의 율례를 선포하셨다. 제 7일에 안식하라는 선포도 히브리 민족에게는 경험해 보지 않았던 혁명적 발상인데 한 술 더 떠 안식일에 쉬는 대상을 너와 네 아들이나 딸들에게만 국한 할 것이 아니라 "네 남종, 네 여종, 네 소, 네 나귀, 네 모든 가축, 네 문 안에 거하는 객"까지 외연을 확장하라는 야웨 하나님의 명령은 가히 혁명적 선언이었다. 결국 하나님께서 제정하신 안식의 신학은 평등한 안식이었다는 말이다. 누구도 안식에서 피해를 당하거나 차별함을 당해서는 안 된다는 사실을 분명히 한 선언 말이다. 이런 면에서 저자가 인용한 "이렛날은 성별함으로 역사를 넘어선다"라는 아브라함 요수아 헤셸의 갈파는 필자에게도 의미 있게 들렸다.

가끔 신앙심이 특별하게 좋다는 크리스천 CEO들이 여론 플레이를 하는 것처럼 보이는 "주일은 쉽니다"라는 슬로건이 눈살을 찌푸리게 할 때가 있다. '정말로 본인이 경영하는 경영의 터전에 있는 식구들과 평등한 안식을 하고 있는가'에 상당수가 정직하지 않은 것을 보기 때문이다. 평등한 안식은 내가 이집트에서 평등하지 않게 당했던 불평등의 왜곡을 재연하지 말라는 하나님의 사인이다. 이 사인에 순종하는 것이 성별함으로 역사를 넘어서는 것이지 않을까 싶다.

진짜 공동체(?)

하나님이 거하실 처소가 되기 위해 지어져가는 공동체가 진짜 교회이다(162).

볼로냐에서 갈파한 저자의 일성이다. 하나님이 거하실 처소가 되기 위하여 지어져 가는 공동체는 어떤 공동체일까? 저자는 가난을 사랑하는 교회, 가난을 두려워하지 않는 교회임을 역설한다.

> 가난을 잃어버렸다는 것은 가난해 질 수 있는 능력을 잃어버렸다는 것이다. 그것이 교회를 타락으로 이끈다. 돈과 교회의 위험한 결탁은 결국 교회를 망가트리고 있다(162).

내가 목숨처럼 사랑하는 한국교회에 들려주는 조종(弔鐘)처럼 들린다. 저자는 본서의 글 마무리 부분에서 가끔 찾아오는 신학생들이나 젊은 목회자들 가운데 하나님의 일을 하려면 교회도 좀 커지고 예산도 많아야 하지 않겠는가를 진지하게 묻는 이들이 있는데 그들에게 해 준 말을 소개한다.

> 하나님의 일은 절대로 돈으로 하는 것이 아니다. 돈이 필요하지 않다는 것이 아니다. 예산을 세우고, 그것을 집행하고, 관리하는 일이 중심이 되면 복음의 정신이 가뭇없이 사라지게 된다는 말이다. 돈은 편리한 수단이지만 그 편리함에 의존할 때 사랑의 능력은 현저하게 줄어든다(306).

저자는 이 순례기의 클라이맥스로 떼제 공동체 여정을 담고 있다. 필자는 떼제에서의 저자의 변을 글을 시작하면서 나누었다. 떼제에 대하여 긍정적인 평가를 내리고 있는 저자나 거기에 찾아가 순례를 행하여야만 영성 회복을 누릴 수 있다는 사람들을 부정적으로 본 또 다른 시각을 갖고 있는 목회자의 변을 나누었다. 필자는 이 점에 있어서는 후자 쪽에 있다. 그럼에도 불구하고 저자가 느낀 떼제에서의 영적 경험을 한 번쯤 경험해 보는 기회가 주어진다면 그 안식에 젖어보고 싶은 마음이 한쪽에서 꿈틀거린다. 욕심일까?

행복한 편승

필자가 저자의 글을 좋아하는 이유는 그가 글을 잘 쓰기 때문이기도 하지만 무엇보다 진하게 아롱져진 영성 체휼 때문이다. 글을 잘 쓰는 소설가 김훈 같은 사람들은 비일비재하다. 그러나 영혼을 울리는 글을 쓰는 자는 흔하지 않다. 왜? 간단하다. 영성이라는 것은 영혼의 세수를 하고 쓰는 일기이기 때문이다. 그의 글을 읽으면 영혼의 옷매무새를 다시 고치게 된다. 그의 글을 읽으면 한국교회의 희망이 보인다. 그의 글을 읽으면 운다. 그의 글을 읽으면 웃는다. 그래서 행복하다. 저자는 책을 마치면서 이렇게 갈무리한다.

그 나라는 저 위에 있는 것이 아니라 낮은 곳에 있다. 아픔이 있는 자리, 사람들의 한숨과 눈물이 배어 있는 땅, 바로 이곳 하늘이다. 깊이를 뒤집으면 높이가 된다. 사다리가 없다고 낙심할 것 없다. 물이 낮은 곳으로 흐르듯 낮은 곳으로 흐르다 보면 하늘에 당도하게 될 것이다. 이제 다시 길을 떠나야 할 때이다(352).

글을 읽는 내내 그가 걸었던 순례의 여정에 행복하게 편승했다. 독자들도 저처럼 참 좋은 길을 여행해 보지 않겠는가?

읊조림의 울음이
내 영혼을 관통할 때의 기쁨

『말씀의 빛 속을 거닐다』(2015년)를 읽고

날숨과 들숨으로

아주 오래 전, 백주년 기념교회를 섬기는 이재철 목사가 집필한
『회복의 신앙』에서 개인적으로 큰 공명을 주었던 글을 지금도 생생히
기억한다. 이 목사께서 제네바 한인교회를 섬길 때 경험했던 일화였다.
제네바 한인교회는 100년이 넘은 역사를 지니고 있는 오비브(Eaux-
vives)교회의 예배당을 빌려 예배를 드리는데, 현재 그들의 교회는 이
삼십 명 정도 밖에는 모이지 않는 초라한 교회가 되었음을 보고했다.
매주 월요일 몇 분이 모여 프랑스어로 성경공부를 한다는 것을 알고
이 목사께서 이 성경공부를 참관하게 되었다. 가보니 몇 분의 노인들
이 마태복음 4장에 나오는 예수님의 시험 받으심의 장면을 나누며 공
부하고 있었다. 그중에 한 노인이 순서가 되어 본인의 성경 나눔을 다

음과 같이 역설한 것을 소개한다.

돌로 떡을 만들라고 했을 때, 성전에서 뛰어내리라고 유혹했을 때, 나
에게 경배하면 천하만국의 권세를 주겠다고 유혹했을 때, 예수님은
그 유혹들을 말씀으로 물리치셨다. 여러분도 잘 알다시피, 우리에게
유혹이 엄습할 때가 있다. 그때 우리는 잠시 멈추어 서야한다. 말씀은
명료하다. 명료하지 않은 것은 우리들 자신이다. 말씀 안에 빛이 있고
길이 있다.[*]

읽고 나서 필자 또한 그 노 성도의 일갈에 전적으로 동의하며 감격
했던 적이 있었다. '예수 그리스도의 말씀 앞에 잠시 머무는 삶', 金科
玉條(금과옥조)에 견주는 성찰이다. 필자는 개인적으로 개척 이후 주
어진 가장 큰 축복이 많은 책들과 하는 여행이라고 생각하는데 주저
함이 없다. 그래서 책 읽기에 나름 최선을 다해 노력한다. 문제는 접하
는 책들을 통해서 다양한 지식들을 축적해 가지만 폐부를 찌르는 저
자들의 글들보다 단순히 지적인 충족으로 만족해야 글들을 자주 만난
다는 점이다. 이런 종류의 책을 읽을 때는 지식 충족이라는 자기만족
을 느끼지만 가끔은 헛헛하다. 아마도 빈 공간으로 남아 있는 영적 공
허함 때문이리라. 이런 차제에 김기석 목사의 『말씀의 빛 속으로 거닐
다』를 만났다. 요한복음 글들의 해석을 간추린 글들이기에 어찌 보면
요한복음 강해서 같은 느낌을 갖지만, 이 책은 요한복음 강해서가 아
니다. 저자가 책을 시작하는 글에서 잠시 언급을 한 것처럼 이 책은

---

[*] 이재철, 『회복의 신앙』 (서울: 홍성사, 1999), 96.

제자 요한의 지성을 빌려 말씀하신 나의 주군 되신 예수의 삶을 씨실과 날실로 엮은 통합적 보물들을 보는 느낌을 준다. 저자는 분명히 문자를 통하여 글을 기록하였는데 저자의 해박한 독서력을 너무 많이 인정해서 그런지는 모르겠지만, 필자는 이 책에서 예수의 말씀을 날숨과 들숨으로 함께 호흡하는 신비적인 은혜를 경험했다. 그래서 이 책의 여행은 행복했다.

말은 많은 데 말이 없다

저자는 책의 앞머리 부분에서 박노해 시인의 〈깨끗한 말〉 중에 나오는 시어를 하나 소개한다.

말의 뿌리에 흙이 묻어 있지 않은 말/ 말의 잎 새에 눈물이 맺혀 있지 않은 말/ 말의 꽃잎에 피가 배어 있지 않은 말을/ 나는 신뢰할 수 없으니(15).

시인의 글을 소개한 저자는 이렇게 부연한다. "참말이 그리운 시대" 갑자기 이 글을 읽다가 눈물이 핑 돌았다. 아마도 그 이유는 목사로 사는 내가 뱉어내는 수없이 많은 말들 중에 시인의 으름장에 버텨낼 수 있는 말들은 과연 얼마나 될까에 별로 자신이 없어서였으리라. 그러나 조금씩 배워간다. 영혼을 움직이는 말을 내뱉기 위해. '말씀'이라는 단어를 저자는 "말에 숨이 있다"라고 갈파했다. 가만히 생각해보면 하나님이 천지를 창조하실 때 창조의 수단으로 이용하셨던 것이 말씀이었다. 하나님이 보시기에 심히 좋았던 것은 하나님이 선포하신 말에 숨이 들어가 있어서 그 숨이 일체의 피조물들에게 도달했기에 하나님이 판단하실 때에도 걸작이 되었던 듯하다. 아쉽고 유감스러운 것은 태초에는 그 숨이 들어가 있는 '다바르'가 있었는데, 오늘 우리들의 시대에는 눈을 씻고 찾아봐도 '다바르'가 보이지 않는다는 점이다. 다시 말해 상실되었다는 점이다. 말은 홍수처럼 쏟아지는 데 들을 말이 없다는 점이다. 언젠가 도전적인 문장을 본 기억이 있다.

"교회는 많은 데 갈 교회가 없다."

같은 맥락으로 말은 많은 데 말이 없다. 참말 말이다. '다바르' 말이다. 숨이 있는 말 말이다. 이런 빈곤함과 아쉬움의 현장에 있는 필자에게 요한복음의 서언은 벼락이다.

태초에 말씀이 계시니라 이 말씀이 하나님과 함께 계셨으니 이 말씀은 곧 하나님이시니라(요한복음 1:1).

태초라면 오늘 나에게는 요원하다. 요원하다는 말은 인격적이지 않다는 말과 일맥상통한다. 그러나 제자 요한은 그 비인격적 관계의 요원함을 극적으로 좁혀준다. 이어지는 요한의 보고를 들어보자.

말씀이 육신이 되어 우리 가운데 거하시매 우리가 그의 영광을 보니 아버지의 독생자의 영광이요 은혜와 진리가 충만하더라(요한복음 1:14).

필자는 이 구절을 이렇게 해석하여 섬기는 교회에서 나눈다. '다바르의 현재성'이 바로 성육신이라고. 그래서 우리들이 성육신의 신비를 경험하면 하나님의 말의 숨이 나의 폐에 주입되는 것이라고. 나의 해석학적 관점이 옳든 그르든 관계없이 항상 말씀이 나에게 현재화되도록 해석하려고 하는 것은 필자의 고집이다. 그런데 이런 숨이 있는 말씀을 현재화하는 데 참 좋은 선생님이 있다. 저자이다. 저자를 통해서 참말을 듣는 일상을 갖는다. 말이 많은 시대이기에 참말을 발견하는 것이 결코 녹록하지 않기에 저자와 함께 공명한 말씀의 빛 속으로 거니는 것은 기막힌 감사의 조건이다.

뼈가 있는 소리

저자는 믿음이라는 정의를 다음과 같이 내린다.

믿음이란 교리나 신조에 대한 승인이나 동의가 아니다. 믿음은 철저한 신뢰이고 사랑이다. 삶을 그분께 맡기는 것을 주저하지 않는 용기이다(46-47).

이 글을 정의한 저자는 성경적인 실례의 주인공으로 수가성에 살고 있던 사마리아 여인을 등장시킨다. 주지하다시피 여인은 예수께로부터 생수의 강이 흘러넘치는 존재가 바로 예수 자신임을 소개받는다. 그 예수를 받아들이기 위해서는 자신의 드러내고 싶지 않은 과거를 끄집어내서 그 쓴 뿌리를 치유 받는 과정이 필요함을 예수와 여인의 대화 속에서 발견한다. 여인은 자신의 속살을 여지없이 드러낸다. 그

리고 그분 예수께 자신의 삶을 맡기는 용기 있는 선택을 감행한다. 그
렇다. 믿음은 용기이다. 그 용기는 예수께로 향하는 위탁이다. 필자는
여기에서 한 가지 부연하고 싶은 대목이 있다. 사마리아 수가성 여인
의 쓴 뿌리이다. 여인은 不貞(부정)한 여인인가? 아니면 희생당한 양
인가? 전자는 복음주의권 교회의 대체적인 해석이다. 그러나 진보적
인 성서 해석의 밑받침을 갖고 있는 자들은 여인을 부정한 여인으로
보는 것을 금기시한다. 당시 이 여인의 삶의 정황은 가부장적이고 남
성편의주의의 제도하에서 철저히 성적으로, 인권적인 차원에서 짓밟
힌 여인이라는 해석을 정설로 여긴다. 필자는 이 두 가지의 해석 중에
후자의 손을 들어준다. 이렇게 후자의 해석에 기울 경우, 믿음에 대한
저자의 정의는 더욱 곰살 맞다. 왜냐하면 의지할 것이 없었던 이 여인
이 그녀의 녹록하지 않았던 과거의 아픈 편린들을 전적으로 주께 의
뢰한 것은 그만큼 주님의 선포에 따뜻하게 반응한 여인의 응답이기
때문이다. 예수께서는 그녀에게 이렇게 소리치셨다.

> 예수께서 대답하여 이르시되 이 물을 마시는 자마다 다시 목마르려
> 니 와 내가 주는 물을 마시는 자는 영원히 목마르지 아니하리니 내가 주
> 는 물은 그 속에서 영생하도록 솟아나는 샘물이 되리라(요한복음
> 4:13-14).

기형도는 그의 시 〈소리 뼈〉에서 "소리에도 뼈가 있다"*라고 하였
던가? 여인은 주군이신 예수께서 행하신 뼈가 있는 선언에 새로운 역

---

* 기형도, 『입 속의 검은 잎』 (서울: 문학과 지성사, 1989), 120.

전 인생을 살게 되었다. 필자는 글을 읽으면서 조금은 교만해지기로 마음먹어 본다. 사람이 변할 수 있는 존재인가라는 질문에 상당수의 지식인들이 서슴지 않고 '노'라고 답하지만 참말인 예수의 뼈있는 말 숨들을 통해서라면 사람이 변화될 수 있다는 뭐 그런 교만함을 말이 다. 믿거나 말거나.

신앙과 신념 사이에서

저자는 그리스도인이란 원칙을 지키는 자임을 분명히 한다. 그들 은 유불리를 따지지 않는다. 이것은 고집과는 다른 것이다. 원칙이 무 너지면 모든 것이 다 무너진다고 했다(70). 저자의 말을 따라가다가 숨고르기를 했다. 원칙을 따른다는 것이 오늘의 시대에 얼마나 어려 운 일인지를 이제는 삼척동자도 다 아는 상식이기 때문이다. 원칙을 주장하면 손해를 본다는 말은 이제 식상할 정도이다. 참 괜찮은 말인 데 시대가 그렇게 원칙을 지키는 자들을 마치 괴물로 만들어 버린 것 같아 쓸쓸하다. 『NCCK가 주목한 오늘, 이 땅의 언론 시선(視線)』에 실린 글 중에 거의 대부분의 정상적인 사람들이라면 누구나 예외 없 이 가슴으로 함께 울었던 2016년 사건을 소개한다. 2016년 5월 28일 에 서울 지하철 구의역 9-4번 승강장의 안전 문을 점검하다가 불의의 사고로 명을 달리한 하청업체 직원 김 군 사건 말이다. 컵라면을 먹으 면서 대학에 가기 위해 140만 원의 월급 중에 100만 원씩을 적금하며 살던 성실했던 한 청년의 죽음은 참 큰 아픔이 아닐 수 없다. 책에 김 군 어머니의 절규가 고스란히 적혀 있다.

첫째 아들에게 성실하게 살라고 가르쳤는데 둘째 아들에게는 절대로
원칙대로 살라고 가르치지 않겠습니다.*

필자는 개인적으로 김 군 어머니의 절규와 통곡을 가슴으로 이해
한다. 너무나 귀했던 아들 그리고 사랑했던 아들을 잃어버려 앞세워
야 했던 부모의 피멍을 공감했기 때문이다. 천박한 자본주의의 괴물
앞에서 스스로 꽃피우려던 노력이 물거품이 된, 구조적인 악의 테두
리 안에 있던 어머니의 소리침을 가슴으로 받아들였기 때문이다. 그
래서 난 어머니의 그 통분의 한(恨)에 동의한다. 그런데 말이다. 정말
로 조심스러운 멘트이지만 김 군 어머니의 분과 한을 이해하는 것은
아주 철저히 이성적, 감성적인 차원이라는 전제하에서이다. 조금 더
외연을 확장한다면 지성적 성찰 안에서라는 전제이다. 직설적으로 감
히 말한다면 이 말은 목사가 가지고 있는 신앙적 스펙트럼으로는 그분
의 한 서린 결심에 동의할 수 없다는 말도 포함하는 것임을 의미한다.

둘째 아들에게는 절대로 성실하게 살라고 그리고 원칙대로 살라고 가
르치지 않겠습니다.

이 기막힌 절규에 내가 신앙적으로 동의하지 않는 이유는 김 군 어
머니의 이 외침은 신념이지 기독교 신앙적인 행위일 수 없기 때문이
다. 30년 동안 목사로 살면서 나름 고집을 꺾지 않고 치열하게 싸우려

---

* NCCK 언론위원회 엮음, 『NCCK가 주목한 오늘, 이 땅의 언론 시선(視線)』(서울: 도서
출판 동연, 2017), 24.

고 했던 생각이 있다. 그것은 최선이라고 평가받는 신념을 주군이 원하시는 신앙으로 둔갑시키지 말자는 치열함이다. 내가 그런 일이 결코 일어나지 않게 하겠다고 호언장담하며 예수의 멱살을 붙잡고(에피티마오) 십자가를 지지 말라고 겁박하던 베드로에게 "사탄아 네 뒤로 물러서라, 너는 나를 넘어지게 하는 자"라고 강력하게 선언하셨던 주님의 뜻이 신앙의 내용이어야지, 예수를 죽게 하지 않겠다는 베드로 개인의 신념이 신앙의 내용이어서야 되겠는가 하는 고집이다.

누군가 이런 망발을 했다. "대형교회는 무거운 짐이고 십자가이기에 아무나 짊어질 수 없다." 근래 아들에게 기필코 교회를 넘겨준 한 원로 목사가 던진 설교를 빙자한 신념 심기이다. 그 자에게 이 신념이 지금 한국교회를 넘어지게 하고 예수를 넘어지게 하는 신념이라는 것을 말하고 싶지만 돌아올 말이 뻔하기에 절망스럽기까지 하다. 설상가상으로 신념이 신앙의 자리를 꿰찬 오늘, 목양의 현장에서 목회하는 조그마한 교회 목사는 하나의 싸움을 더해야 하는 참담함이 있다. 성도들이 착각하고 있는 신념의 신앙화라는 무시무시한 궤변과 불신앙에 대하여 가르치려 해도 듣지 않는 엘리압과의 싸움이다. 골리앗과 싸우기도 버거워 실신직전인데 이제는 교회 안에서 전혀 성경적이지 않은 자기의 독선과 아집의 산물인 신념이 신앙인 줄로 착각하고 확신하는 무서운 영적 세력들과 싸워야 하는 또 다른 고통이 밀려온다. 그래서 할 수 있는 게 엎드림 밖에 없어 그냥 신념이 아닌 신앙의 주군이신 주 예수 그리스도께 얼굴을 묻는다. 그리고 '하가'(시 1:2)한다. 이렇게. 키리에 엘레이손!

사람에게 좋게 하랴, 하나님께 좋게 하랴

교회 공동체에서 지켜 나아갈 원칙은 무엇일까? 필자는 이 고민을 할 때마다 바울이 갈라디아교회 지체들의 변심(?)에 분노하며 외쳤던 외침이 아닐까 싶어 곱씹곤 한다.

이제 내가 사람들에게 좋게 하랴 하나님께 좋게 하랴 사람들에게 기쁨을 구하랴 내가 지금까지 사람들의 기쁨을 구하였다면 그리스도의 종이 아니니라(갈라디아서 1:10).

교회가 교회답지 못한 이유는 사람을 좋게 하는 이상한 괴물의 형태로 돌연변이 했기 때문이다. 단 한 번도 주군은 사람의 비위를 맞추기 위한 행위를 하신 적이 없는데, 교회는 기성 권력에 아부하는 그래서 힘 있는 존재인 기득권 숙주에게 기생하는 방향을 서슴없이 주창하는 어이없음을 본다. 친한 친구에게 들은 이야기가 있다. 서울 강남의 중형교회에서 목회를 하는 친구가 섬기는 교회의 지체들이 삶의 부분에서 너무 '아니올시다'의 삶을 즐기는 것 같아 큰마음을 먹고 주일 공예배 시간에 주초 문제를 다루었다고 한다. 친구는 아주 떨리는 마음으로 고조선시대(?)의 이야기를 끄집어낸 것이다. 결과는 그 다음 주일, 약 150여 명의 신자들이 교회에 불출석했다는 아픔을 전해주었다. 필자는 오늘의 그리스도인들에게 주초를 언급한 박물관에 있을 법한 이야기를 과감하게 발언한 친구에게 쏠쏠하지만 격려의 박수를 보내고 싶다. 조금 과장해 보자. 순교자적인 영성이 없으면 도저히 하지 말아야 할 금기를 건드린 친구 목사에게 아낌없는 응원을 보내고 싶다. 주초 문제에 관하여 드리는 말이 아니다. 현대를 살아가는 편리함에 익숙해진 많은 그리스도인들, 그래서 불편한 것을 못견뎌하는 약아 빠진 그리스도인들에게 불편한 말을 했다는 것에 대한 지지이다. 주초를 하면 구원을 받는가, 못 받는가의 천박한 물음에 대한 답이 아니라 적어도 위탁받은 양들에게 불편한 메시지를 담대하게 전한 친구에게 따뜻한 사랑을 전하고 싶은 것은 필자의 객기이리라. 세계적인 역사학자 소피아 로젠펠트는 일찍이 이렇게 선언한 적이 있었다.

포퓰리즘의 가장 두드러진 특징은 인민의 집단 상식에 호소한다는 점이다.*

어떤 이는 이렇게 말했다. "상식만 하자. 그래도 성공한다." 그러나 필자는 이 의견에 반대한다. 지지할 수 없다. 로젠펠트의 말대로 그 상식이 집단화되고 여론화되면 그것은 여지없이 포퓰리즘이라는 대적하기 어려운 헐크로 변하기 때문이다. 그렇기에 오히려 그리스도인이라면 상식만 하는 자가 아니라 불편해도 원칙대로 살아야 하는 자들이어야 하지 않겠는가? 예수는 원칙의 사람이었지 상식의 사람은 아니었기에 더 더욱 말이다. 이것을 전제한다면 바울의 선언은 더욱 마음의 옷깃을 여미게 한다.

내가 지금까지 사람들의 기쁨을 구하였다면 그리스도의 종이 아니니라(갈라디아서 1:10).

---

* 소피아, 로젠펠트/정명진 옮김, 『상식의 역사』 (서울: 부글BOOKS, 2011), 364.

똥물에 들어간 사람

저자의 글에서 소개한 진수성찬을 필자의 지면 할당의 한계로 인해 일일이 소개하지 못하는 아쉬움이 있지만, 그럼에도 본 책의 서평에서 이 내용만큼은 누락시킬 수 없어 저자가 글의 후반부에 소개한 무위당 장일순 선생의 어록은 반드시 던져주고 싶다. 너무 소름끼치게 한 감동이 임했기에 말이다.

친구가 똥물에 빠져 있을 때 우리는 바깥에 선 채 욕을 하거나 비난의 말을 하기 쉽습니다. 대게 다 그렇게 하며 살고 있어요. 그럴 때 우리는 같이 똥물에 들어가서 여기는 냄새가 나니 나가서 이야기를 하는 게 어떻겠냐고 말해야 합니다. 그러면 그 친구도 알아듣습니다. 바깥에 서서 입으로만 나오라고 하면 안 나옵니다(장일순, 『나는 미처 몰랐네 그대가 나였다는 것을』을 읽고, 242-243에서 재인용).

김 목사는 이 글을 소개하면서 이렇게 부연 해석했다.

이것이 성육신이다. 우리는 인간의 탐욕과 폭력의 강물에 풍덩 뛰어드신 하나님을 믿는 이들이다. 왜? 우리를 사랑하셨기 때문이다. 그래서 어느 신학자는 주님의 사랑을 '동고적(同苦的) 사랑'이라고 했다(위의 책, 243).

저자의 이 인용문은 필자의 심장을 뒤흔들어 놓았다. 똥물에 들어간 사람이 바로 나의 주군임을 알기에 말이다. 그러나 이 글에 나는 눈물을 지었다. 왜? 똥물에 직접 들어가서 냄새나는 그곳에서 나가자고 설득한 끝에 데리고 나온 나의 자화상은 또 다시 그 똥물로 들어가고 싶어 하는 죄성으로 도배되어 있음을 부인할 수 없기 때문이다. 아주 오래된 복음성가 가사 중에 이런 노랫말을 기억한다.

예수님 날 위해 죽으셨네 왜 날 사랑하나/ 겸손히 십자가 지시었네 왜 날 사랑하나/ 왜 날 사랑하나 왜 날 사랑하나/ 왜 주님 갈보리 가야 했나 왜 날 사랑하나

이 사랑에 목매인 두 사람이 있다. 한 사람은 저자요, 또 한 사람은 필자다. 같은 하늘에서 이런 감동을 같이 느낄 수 있다는 것은 또 다른 행복한 기적이다.

광야가 축복이었다는 것을
믿는 자들에게 던진 비수

『광야에서 길을 묻다』(2015년)를 읽고

2016년의 엑소더스

필자의 신학교 시절은 국가적으로 우울했다. 그렇게도 꿈에 그리던 서울의 봄이 오지 않았기 때문이다. 도리어 더 춥고 거슴츠레한 동토의 왕국이 새롭게 시작되는 夏時節(하시절)이 펼쳐졌다. 입을 열 때에 조심해야 했다. 알고 있는 지인들 중에 삼청교육대에 끌려간 사람도 있었다. 남영동은 그 시절, 신군부의 또 다른 막장이었다. 교단을 대표할만한 선배는 그때 그 시절, 막장의 주인공을 높여줌으로 승승장구했다. 거의 대부분의 주류들은 살아남기 위하여 살아 있는 권력에 아부하고 타협했다. 정말 살얼음판을 걷던 시절이었다. 난 이 기막힌 시대에 신학교에 다녔고, 졸업했다. 보수적인 색채를 갖고 있었던 모교는 이 시대의 불합리에 항거하지 않고 암묵적으로 침묵했다. 바로 그 시절, 당시 대한기독교서회 주간으로 있었던 선배가 졸업반 신학교 강의의 커리큘럼에 들어 있는 기독교윤리학을 가르치는 강사로 왔다. 그 강의에서 필자는 처음으로 신세계를 보는 경험을 했다. 상당히 진보적 시각을 갖고 있는 선배의 강의록에 담겨 있는 내용은 지금 생각을 해보아도 목이 몇 개나 되는 사람처럼 보였다. 새로운 동토의 시대를 연 국가에 대하여 거침없이 내뱉는 그의 독설은 사막에서 오아시스를 만난 것 같은 카타르시스를 주었다.

기독교윤리는 당시 필자가 속해 있는 신학교에서는 변방에 있는 학문이었고, 별로 관심을 두지 않던 과목이었는데 선배의 강의에 열광하여 신학교 동기생들 중에 기독교윤리에 대하여 관심을 갖고 전공한 친구들이 꽤 되는 걸 보면 당시 선배의 가르침은 상당한 신선함과 도전을 준 것이 분명하다. 선배는 당시 출애굽 사건을 해방신학적 윤리적 이슈로 해석했다. 그동안 신학교에서 배운 출애굽 사건은 유월절의 기초, 광야에서의 고난, 성막의 제조, 시내산 율법 수여 등등으로 연결시키는 구속사적인 해석이 주류적 해석이었다. 이런 해석은 신약적인 해석의 틀을 자연적으로 제공했는데 애굽은 죄의 노예 상태인 우리들의 영적 상태를 의미하며, 홍해를 가른 하나님의 기적은 죄인된 자들의 세례를 의미하고, 시내산에서 받은 율법은 예수님의 십자가 대속 사건으로 연결되었다. 40년간의 광야에서의 고난은 구원받은 성도들이 반드시 겪게 되는 이 땅에서의 고난이며, 가나안 입성은 성도들이 반드시 들어가야 하는 하나님의 나라를 상징하는 틀로 해석했다. 이것은 공식이었고, 이외의 그 어떤 해석도 용납되지 않았던 것이 당시의 법(?)이었다. 그런데 선배의 강의법은 달랐다. 애굽은 불의한 정권이었다. 노예인 이스라엘은 오늘 신군부 정권에 의해 짓밟힌

민중이었다. 그곳에서의 탈출은 새로운 민주주의를 이루는 해방이었다. 하나님은 그 민중과 함께 하신다. 광야에서의 고난은 지속되는 불의한 자들로 인한 핍박이었다. 젖과 꿀이 흐르는 땅은 누가복음 4장에 기록된 주의 은혜의 해가 선포될 때 일어나는 해방의 땅이었다. 지금이야 이 해석이 아무런 거리낌이 없이 공유되는 하나의 신학적 틀이지만 당시는 목숨을 건 해석이었다. 생각을 표출할 수 없었던 시대, 힘이 없어 돌 이외는 던질 수 있었던 것이 없어 돌을 들었던 그 시절에 이와 같은 출애굽기에 대한 해석학적인 접근은 상투성에 함몰되어 있었던 필자에게도 불을 질렀다. 물론 나는 돌을 던질 용기도 없었던 비겁자였지만. 그렇게 세월이 흘러 30년이라는 시간이 지났다. 현장에서 목회를 하는 이 시대의 목사로 살면서 숱하게 마주치는 것이 또 있다. 오늘의 출애굽 사건이다. 작고하신 박완서 선생님의 책에서 무릎을 치는 글을 읽은 적이 있었다. 숙명여고 2학년 시절 국어시간에 선생님은 우리들에게 물으셨다. "포도주를 만들 때 너희들 무엇이 필요한지 아니?" "포도, 설탕, 소주, 항아리요." 이렇게 대답을 하면 선생님께서는 "또?" 하시면서 이렇게 말씀하셨다. "포도주는 포도를 땅에 버린 것이 땅에 고여 시간이 지나 발효하여 술이 된 것임을 발견한 거야. 포도가 포도주가 되기 위해서는 시간이 필요하단다."[*]

그렇다. 시간은 성숙이라는 단어의 대치어이다. 성숙함의 반대말은 미숙함이겠지만 필자는 천박함이라고 표현한다. 그래서 농익은 맛있는 포도주가 되기 위한 절대적인 요소가 시간이라는 말을 나는 전적으로 동의한다. 목사라는 이름으로 산지 30년이 되어간다. 목회 현

---

[*] 박완서, 『세상에 예쁜 것』 (서울: 마음산책, 2012), 67.

장은 애굽이다. 신자본주의라는 천박한 자본주의로 인하여, 성과만을 요구하는 피로사회로 인하여, 돌출하는 사상과 이념의 충돌로 인하여, 갑과 을의 끊임없는 갈등으로 인하여, 정규직과 비정규직의 투쟁으로 인하여, 이제는 현대인들이 기대야 할 종교까지 한술 더 떠 세상보다 치열한 대립의 각을 세우는 것을 보면 오늘 우리들이 살고 있는 이 땅의 현장은 신애굽이다. 이 신애굽에서의 삶은 어떤 의미로 보면 3,500여 년 전의 애굽보다 더 가혹한지도 모르겠다. 그러기에 오늘의 현장에서의 출애굽의 신학적 해제도 걸맞아야 한다. 필자는 이런 고민을 해결해 줄 좋은 책을 만났다. 저자의 글이다.

묻지 않는 바보들

저자는 책 제목을 『광야에서 길을 묻다』로 정했다. 제목을 만나는 순간, 글의 화두가 어떻게 펼쳐질지 나름 가늠이 되었다. 그래서 저자의 논지를 주목했다. 사람들은 광야에 있으면서도 길을 묻지 않는다. 길을 찾아야 하는데 광야에서의 삶에 길들여져 안주하려고 한다. 그런대로 광야에서의 삶도 괜찮다는 분위기이다. 지금은 작고했지만 교계에 보수적인 틀에서 상당한 영향을 준 목회자가 쓴 책 제목이 기억에 있다. "광야의 삶은 축복입니다" 과정에서 볼 때에 이 말에 필자도 동의한다. 그러나 아무리 광야에서의 삶이 축복이라도 광야는 목적지가 아니다. 광야는 과정이고 프로세스이다. 그러기에 광야에 거하는 자들의 분명한 인식은 광야는 거쳐 가야할 길이고, 목적지에 대한 순례과정이며, 걸어감이어야 할 의식이다. 그런데 내가 사는 오늘, 그 길을 가면서도 묻지 않는 시대라는 아픔이 있다. 작가 조정래는 이렇게 갈파한 적이 있다.

> '창작'을 해야 하는 작가는 언제나 '새로운 도전' 앞에 서야 하는 존재
> 들이고, 그 새로움은 '자기 부정'부터 해야 하며 '극기의 길'이고 '길
> 없는 길'이다. 외로우나 그래서 보람이 있는 길이다.*

소설가의 길은 조 작가의 말대로 '길 없는 길'을 가야하는 고독의
길임에 틀림이 없다. 하지만 저자의 말대로 '애굽과 가나안 사이'에 있
었던 이스라엘은 하나님이 길이셨다. 조금 더 압도적인 단어로 표현
하자면 하나님이 길을 내셨다. 그럼에도 불구하고 이스라엘은 길을
묻지 않았다. 도리어 다시 애굽으로 돌아가고 싶어 했다. 고독한 길이
아니었고, 없는 길을 개척하는 것도 아닌데 그 길을 가지 않으려고 하
는 이스라엘의 모습에서 오늘 우리들의 자화상을 보는 듯하다. 이런
일그러진 시대에서 본서는 신 출애굽을 위한 참 좋은 길라잡이가 되
어준다. 21세기의 감각으로, 갈 길을 함께 물어보자.

사람이면 다 사람인가? 사람이 사람다워야 사람이지

제일 눈에 띄는 것은 출애굽의 도구로 사용된 세 여인에 대한 해석
이다. 모세의 어머니인 요게벳, 누이 미리암 그리고 모세를 건진 애굽
의 공주는 각기 역할이 달랐다. 아들을 하나님께 맡기며 갈대상자에
떠나 보낸 어머니, 그 갈대상자를 건져 올리고 노예인 히브리인의 아

---

* 조정래, 『시선』 (서울: 해냄, 2014), 254.

이라는 사실을 알고도 다시 나일 강에 버리지 못한 바로의 딸 그리고 자기 동생을 돌볼 유모라고 어머니를 바로의 딸에게 소개한 미리암이라는 3명의 여성들을 소개한 저자는 이들이야말로 해방의 여명을 밝힌 여인들이라고 정의한다. 이 정의와 더불어 저자의 해석은 아름답다. 폭력적인 전제정치하에서도 포기할 수 없는 인간성을 지닌 자들인 이 여성들을 통해 해방의 서곡이 이루어졌다는 해석은 탁월하다.

소비사회가 도래하면서 사람들은 생명 중심의 사고를 하기보다는 돈 중심의 사고를 하며 살아간다. 돈을 중심으로 모든 사고와 제도가 재배치된 세상은 위험사회다(46).

돈 중심의 물질 숭상 사회가 왜 위험한가? 돈은 사람들을 생각하지 않게 하고, 계산하게 하기 때문이다. 즉흥적이고, 찰나적이고, 단순한 사고놀음으로 이끄는 것이 돈이다. 한병철은 그래서 이런 철학적 고찰을 했나 싶다.

긴 것과 느린 것이 없이 빠르게 산 삶, 짧고 즉흥적이고 오래가지 않는 체험들로 이루어진 삶은 '체험 속도'가 아무리 빠르다 한들 그 자체가 짧은 삶일 뿐이다.*

돈은 즉흥적인 체험들을 부추긴다. 돈의 행복은 오래가지 않는다. 저자는 이런 시대일수록 사람 냄새가 나는 긴 생각, 사람다움을 잃지

---

* 한병철/김태환 옮김, 『시간의 향기』 (서울: 문학과지성사, 2013), 66.

않는 긴 사유를 요구한다. 아주 오래 전, 고등학교 3학년 시절 대학 입학 예비고사를 마치고 더 이상 나갈 진도가 없어 빈둥빈둥 놀고 있던 고3 교실에서 담임 선생님이 해 주셨던 말을 잊지 않고 있다. 어떤 선생님이 막 사는 제자가 안타까워 편지를 보냈는데 그 편지는 한자로 사람 인자가 다섯 개만 있었다는 것이다.

"人人人人人"

제자에게 풀이하라고 종용하는 사족과 함께 이 편지를 보냈다. 제자는 아무리 고민해도 이 편지의 뜻을 해석할 수 없어 난처함을 보이며 풀 수 없다는 답신을 보냈는데 그 회신으로 제자에게 간 뜻풀이는 이 것이었단다.

"사람이면 다 사람인가? 사람이 사람다워야 사람이지."

사람의 사람다움이 없는 세상은 절망의 세상이다. 왜 사람이 사람답지 못한가? 이유는 간단하다. 사유와 성찰을 천박하다고 생각하는 분위기 때문이다. 사유하고 성찰할 시간에 한 푼이라도 더 벌어야 한다고 압박하는 시대이기 때문이다. 똑똑하다고 말하는 자들은 의대와 법대로 몰리는 대한민국, 철학과 인문계열의 학과와 신학은 폐지를 운운하는 대한민국, 과연 이 나라에 소망은 있는 것일까?

생각하는 것이 귀찮아지지 않게 해주소서.*

글쟁이 고도원의 『혼이 담긴 시선으로』에 나오는 글이다. 아름다운 기도다. 나도 이 기도를 드려야 하겠다. 순간마다.

왕따 시키지 말라

우여곡절 끝에 이스라엘은 노예에서 해방된다. 아마도 그 탈출 행렬은 감동과 감격의 행군이었을 것이 분명하다. 라암셋을 떠나 숙곳에 이르렀을 때 장정만 60만 명이라 했다. 바로 이 대목에서 저자는 그냥 스칠 수 있는 한 구절에 집중했다.

> 수많은 잡족과 양과 소와 심히 많은 가축이 그들과 함께 하였으며(출애굽기 12:38).

'잡족'의 의미를 아마도 고센 지역에 거하던 자들 중에 해방투쟁에 참여하지 않은 자들로 저자는 해석한다. 죽기를 각오하고 애굽과 맞섰던 자들에 비해 상대적으로 적극적이지 않았던 방관자들일 가능성이 있는 부류들일 것이다. 그런데 그들이 탈출 러시에 합류했다는 말이다. 놀라운 것은 그 해방의 행렬에 그들이 참여했음에도 주류 출애굽 공동체가 그들을 받아주었다는 사실이다. 저자는 이 일을 '고통의 연대'(124)라고 해석했다.

예언자 오바댜는 남 유다가 바벨론에 의해서 초토화당할 때 방관한 에돔에 대한 하나님의 심판을 신탁으로 전한 예언자로 유명하다.

---

* 고도원, 『혼이 담긴 시선으로』 (서울: 꿈꾸는책방, 2015), 32.

예언서에서 그가 말한 대로 방관자 에돔의 죄를 가볍게 여기지 않겠다는 것이 하나님의 의지였다면, 출애굽 공동체에서도 잡족의 방관은 엄히 물어야 할 죄목 같은데 이 해방 공동체는 그들을 덮는다. 아마도 새로운 해방 공동체에서 하나님께서 저들을 덮으신 이유는 가장 연약한 자까지 품고 가시려는 하나님의 계획이라고 저자는 에두른다. 하나님의 공동체가 왜 중요한가? 나와 다른 존재가 나를 위해 사는 것을 공동체가 보여주기 때문이다. 아프리카의 정신을 '우분투'라고 한다. "I AM BECAUSE YOU ARE." 저 사람의 존재가 나를 있게 한 원동력임을 믿는 자는 막 살지 않는다. 타인을 존중하며 산다. 아마도 하나님이 잡족을 인정하도록 출애굽 공동체에 허락하신 것은 광야 공동체는 신앙공동체의 시작이었기에 연약한 자, 성숙하지 못한 자들을 품으라는 메시지를 주시기 위함이었고, 반면 방관하던 공동체인 잡족들에게는 인내하는 상대방의 사랑을 통해 자신을 성찰하라는 의미를 위해서였으리라. 결국은 윈윈하기 위함이었다는 말이다.

교회 공동체는 출애굽 공동체에게 사인하신 하나님의 뜻을 헤아려야 한다. 교회는 이 땅에 남아 있는 마지막 사랑 공동체이다. 교회에 이지매가 있고, 왕따 문화가 있다면 그것은 출애굽 공동체에서 보여주신 하나님의 선한 계획을 수포로 돌아가게 하는 악한 일이다. 교회와 성도는 이타적인 삶을 보여야 한다. 정호승은 이렇게 읊었다.

눈을 감으면 비로소 남이 보인다. 내가 보인다 하더라도 남을 위한 존재인 내가 보인다. 그 동안 나는 나를 위한 존재로 항상 눈을 뜨고 살았다. 눈에 보이는 모든 존재는 다 나를 위한 존재였다. 이 얼마나 오만하고 이기적인 삶인가? 지난여름 매미가 너무 시끄럽게 운다고 싫어하지 않았는가? 매미는 자신의 삶을 열심히 사는 것인데 나는 매미만큼 열심히 산 적이 있는가?"[*]

타인을 위한 열린 눈과 마음이 교회의 색깔이기를 기대한다.

그까짓 걸 왜 믿어?

홍해를 가른 사건을 놓고 설왕설래하는 것을 아주 자신 있게 확신에 찬 어조로 교통정리를 한 부흥사가 기억에 있다. 홍해는 갈대 바다라는 의미가 있다. 해서 출애굽 공동체가 건넌 홍해는 사람들이 충분히 건널 수 있었던 수량을 간직한 강 같은 바다였다고 주장하는 자들을 향하여 그가 이렇게 비아냥대며 반론했다.

그렇다면 사람이 충분히 건널 수 있는 수량의 강 같은 바다에서 뒤쫓던 애굽의 전차부대가 수장되었다는 사실은 정말로 기적이네. 기적! 홍해 정도를 가르지 못하는 하나님, 그까짓 것을 왜 믿어!

필자는 부흥사들이 설교를 하면서 왜 회중들에게 반말을 하는지 모르겠다. 난 그렇게 하는 게 기적처럼 여겨진다. 예의를 모르는 자들이 강단에서 설교를 한다는 것은 어불성설이다. 인간의 기본이 되어 있지 않은 자의 입에서 어찌 감히 '다바르'를 해석한단 말인가! 저자는 홍해를 가른 하나님의 카이로스의 테제를 슬라보예 지젝의 말을 인용

---

[*] 정호승, 『당신이 없으면 내가 없습니다』 (서울: 해냄출판사, 2014), 287.

하여 '불가능의 가능성'의 지평을 열어준 사건이라고 해석했다. 그러면서 이렇게 부연했다.

이 세상에서 하나님의 아가페적 사랑을 실천하며 살아간다는 것은 현실적으로 불가능하다. 인간의 뿌리 깊은 죄성 때문이다. 하지만 그런 꿈과 지향이 없다면 인간 공동체는 무너지고 말 것이다. 불가능하지만 기어코 이루어야 하는 것이 있다(135).

필자는 저자의 지론이 불가능의 가능성을 지지하지 않는 것이야말로 불가능이라고 말하는 것처럼 들렸다. 그래서 동의했다. 불가능한 것이 가능할 수 있다는 것으로 승화되는 것을 기독교에서 믿음이라고 한다. 그래서 바울은 믿음과 소망과 사랑을 한 카테고리로 묶은 것이 아닌가 싶다. 믿음은 바라는 것들의 소망으로 연결되고, 그 소망이 이루어지는 것은 사랑으로만 가능하다고 믿는 것은 저자나 필자에게 공히 같은 분모인 것이 분명하다. 믿음은 "그까짓 것을 왜 믿어!"라고 호통치고 겁박한다고 생기는 것이 아니라 소망과 사랑의 연계를 통해서 이루어지기에, 바라는 것들의 실상이요 보이지 않는 것들의 증거라는 히브리서 기자의 갈파는 그래서 탁월하다.

많은 시간이 걸리더라도

만나 사건으로 초대한다. 만나 사건을 저자는 두 가지의 스펙트럼으로 해석했다. 첫째는 신뢰, 두 번째는 기다림이다. 만나 사건을 들추어내면 단골 메뉴처럼 올라오는 것이 만나라는 생물의 실체이다. 그런데 사실, 그 실체는 전혀 중요하지 않다. 광야 40년 기간 동안 하나님이 당신의 신앙 공동체를 먹이신 것이라는 본질의 교훈이 더 중요하다. 전술했듯이 저자는 만나의 영적 메시지를 '하루에 한 오멜 씩'이라는 메시지로 방점을 찍었다는 점에서 주목할 만하다. 이 양은 딱 하루 분이었다는 점 말이다. 문제는 더 많이 거두지 말라는 '하루에 한 오멜'이라는 핵심을 공동체가 거부했다는 점이다. 더 거둔 만나는 여지없이 썩었기에 버릴 수밖에 없었다. 저자는 이 대목에서 이런 신학적 담론을 제시했다.

> 욕망의 원리가 지배하는 곳에는 불화와 갈등이 일어나고, 나눔과 공감의 원리가 작동되는 곳에서는 공동체가 세워진다. 그러나 아쉽게도 우리가 살고 있는 세상은 불공평한 세상이다(162).

오늘의 공동체는 전자의 원리가 통치하고 있음을 분명하다. 왜 출애굽 공동체의 일부는 한 오멜보다 더 거두어 썩혔는가? 단순히 욕심 때문이라고 정의하면 궁색하다. 출애굽기 기자가 이것을 고발한 것이 주목할 신학의 논제가 된 이유는 바로 이것이 하나님을 신뢰하지 않은 증거라고 보았기 때문이다. 벌레가 생기고 악취가 나는 세상은 하나님 부재의 시대이거나 하나님 불신의 시대이다. 또 하나 살펴볼 것은 기다림의 신학이다. 저자의 말을 들어보자.

> 모세는 그들에게 엄중하게 꾸짖었다. 여섯 째 날에 먹을 것을 두 배로 거두어들였다가 안식일에 먹으라는 권고를 따르지 않고 안식일에도 음식을 구하러 나갔던 사람도 엄중한 꾸지람을 들었다. 하나님의 백

성으로 세워져가기까지는 많은 시간이 걸리는 법이다. 하지만 시행착오를 통해서 배울 수만 있다면 그래도 다행이다(163-164).

사람처럼 안 변하는 동물이 또 있으랴! 만에 하나 변한다고 하더라도 사람처럼 더딘 존재가 없다. 목양의 현장에서 살면서 배운 교훈은 목사가 해야 하는 일은 심고 기다리는 일이라는 사실이었다. 목사는 수없이 많은, 사람 농사의 시행착오를 경험하고도 또 속는 셈치고 심는 자다. 그리고 기다리는 자라는 저자의 혜안이 놀랍다. 그렇다. 한 사람이 만들어지기까지는 많은 기간과 세월이 요구된다. 현장에서 치열한 사람 농사를 짓는 자로 산 지난 30년의 수확은 바로 이것이었다.

내가 씨를 뿌릴 때 내 대(代)에서 열매를 얻으려고 하는 사람은 반드시 실패한다. 내 대가 아니면 다음 대에서, 다음 대가 아니면, 그 다음 대에서 열매가 거두어질 것을 기대하자.

조정래의 글쓰기 자세를 들어보자.

돌은 단 두 개. 뒤 돌을 앞으로 옮겨 놓아가며 스스로, 혼자의 힘으로 강을 건너가야 한다. 그게 문학의 징검다리이다.[*]

대단한 감동을 주는 통찰이다. 문학가 한 사람이 창작의 글을 하나 내놓는데도 이런 수고와 정신이 배경이 되는데 하물며 사람다운 사람으

---

[*] 조정래, 『황홀한 글 감옥』 (서울: 시사인북, 2009), 46.

로, 그리스도인다운 그리스도인으로 한 사람을 만들어가는 위대한 일이 어찌 시장판에 뻥튀기 기계에서 나오는 강냉이 같은 방법으로 이루어지고, 자판기에서 튀어나오는 것처럼 그리 간편하게 만들어지겠는가? 그러고 보면 하나님이 나를 만드시고 지금까지 참고 기다리시는 것은 기적 중의 기적이요, 은혜 중의 은혜다.

닮아도 너무 닮았다

내 마음대로 내가 만든 하나님을 내가 원하는 대로 조종할 수 있다는 욕망이 분출된 대표적인 사례는 아마도 출애굽기 32장에 나오는 호렙산(신명기에 기록된 지명의 이름으로) 아래에서의 이스라엘 공동체가 벌인 난장(亂場)일 것이다. 모세가 하나님의 성산에 올라간 뒤 40일 동안 두문불출하자 성질 급한 산 아래 이스라엘 신앙공동체의 무리들은 아론에게 모세를 더 이상 기다릴 수 없음을 고지하고 이집트에서 우리를 이곳으로 인도하여 낸 여호와 하나님을 만들 것을 종용하고 압박하기에 이른다. 그러자 그들의 세력에 신변의 위협을 느낀 아론은 이집트에서 가지고 나온 여인들의 금귀고리들을 모아 금송아지를 만들기에 이른다. 이후 모세의 부재 기간 금송아지를 만들 것을 종용했던 무리들이 스스로 금송아지를 이집트에서 우리를 이곳까지 인도하여 낸 신이라고 지칭하고 선언하기까지 한다. 분위기에 압도된 아론은 여호와로 지칭된 금송아지에게 번제와 화목제를 드렸고 그들은 여호와의 절일에 먹고 마시며 뛰어 놀았다고 출애굽기 기자가 보고한다.

이튿날에 그들이 일찍이 일어나 번제를 드리며 화목제를 드리고 백성이 앉아서 먹고 마시며 일어나서 뛰놀더라(출애굽기 32:6).

이렇게 난장을 벌이며 먹고 마시던 것을 본 하나님이 모세를 하산하게 하여 심판하는 장면이 출애굽기 32장에 연이어 기록되어 있다. 이 장면을 자세히 보면 헷갈릴 수 있는 가능성이 농후하다. 사건 기사의 정황을 놓고 볼 때 금송아지의 형상 앞에 모여든 이스라엘 신앙공동체가 행한 행위가 번제요, 화목제였다. 더불어 형상은 송아지의 형상이었지만 그 형상의 상징은 이상한 종류의 잡신이 아니라 이집트에서 자기들을 인도하여 낸 여호와라는 분명한 인식을 가졌기 때문이다. 그런데도 여호와께서 모세를 통하여 두 돌판으로 그 형상을 파괴했다. 파괴한 정도가 아니라 후에 이 사건을 회상하는 모세의 두 번째 설교인 신명기의 기록에 의하면 그 형상의 파괴는 혹독하리만큼 무자비했다.

너희의 죄 곧 너희가 만든 송아지를 가져다가 불살라 찧고 티끌 같이 가늘게 갈아 그 가루를 산에서 흘러내리는 시내에 뿌렸느니라(신명기 9:21).

하나님이 너무 민감한 것이 아닌가? 결벽증적인 성격이신가? 그러나 결코 그렇지 않다. 신학교 동기이자 한국 구약학회에서 적지 않은 지성적 영향을 미치고 있는 한세대학교의 차준희 교수는 필자의 구약 개인교사이다. 설교를 준비하다가 부딪치면 신학교 동기라는 쪽팔림(요즈음 아이들의 언어로)을 무릅쓰고 전화로 괴롭힌다. 친구는 이 난장에 대하여 설명하면서 전해 준 호렙 산에서 벌어진 불신앙의 난장을 이해하는 가장 중요한 단서 하나를 제시했다. 신명기 32장 4절과 6절에 기록되어 있는 두 단어였다. 하나는 4절에 '송아지'로 번역된 '에겔'이고, 또 하나는 6절에 '뛰놀더라'로 번역된 '차헤크'이다. 친구의 가르침은 대략 이런 것이었다. 왜 하필이면 여호와 하나님의 형상이 금송아지인가? 송아지라는 단어 '에겔'은 우회적으로 '애송이'라는 경멸의 의미가 담겨 있다. 동시에 고대 근동에서는 소는 신(神)이 밟고 있는 받침대로 사용되었는데 이 말은 다시 말해 우리를 인도한 여호와는 이제부터 우리들의 통제를 받는 수동적 존재 혹은 복종해야 하는 존재라는 고의적 폄훼라는 설명이었다. 또 하나는 '차헤크'로 번역된 '뛰논다'는 동사의 해석이었다. 출애굽 이스라엘 공동체는 자기들에게 복종하는 하나님의 형상을 만들어놓고 마음대로 뛰어 놀았다는 결론이다. '차헤크'는 고대 근동에서 성적인 잔치를 벌일 때 사용하던 단어였다. 환언하면 이제는 꼼짝하지 못하는 하나님으로 하나님을 묶어버리고 소위 말하는 섹스 페스티벌을 연 것이다.

주지할 것은 지금부터 3,400여 년 전에 호렙 산에서 발생했던 하나님을 만들어 꼼짝하지 못하게 해 놓고 마음껏 인간들의 죄악 된 행위를 자행했던 그때의 난장이 오늘 21세기에 더 강한 모습으로 나타나고 있다는 점이다. 인간이 하나님처럼 되고 싶어 하는 이유는 인간 스스로가 영광을 받는 존재가 되어 자유로운 객체가 되겠다는 욕망 때문이다. 이 선언이 곧 호렙산 난장이다. 하나님을 만들고, 조각하고, 통제하는 것이 호렙산 난장이란 말이다. 저자는 이런 일에 앞장 선 종교를 '아론의 종교'라고 정의했다. 그는 아론의 종교가 가지고 있는 네 가지의 특성을 고발한다(326-327).

① 하나님의 시간을 기다리지 못한다.

② 보이는 것을 의지하려고 한다.

③ 그들이 믿는 하나님은 욕망을 비우도록 돕는 분이 아니라 도리어
   그 욕망을 채우도록 하는 존재이다.

④ 아론의 종교는 희생을 절대로 원하지 않는다.

저자는 단언한다. 이런 종교는 가짜라고. 더불어 호렙산의 난장을 정리하며 중요한 신학적 담론을 제공한다.

인간이 바야흐로 신의 창조자가 된 것이다. 인간에 의해 창조된 신은 인간의 뜻을 거스를 수 없는 법이다. 그런 신은 인간의 욕망에 종속되어 있기 때문이다. 하나님을 믿는다면서 자기가 만든 신을 믿는 자들이 얼마나 많은가?(375).

예흐예 아쉐르 예흐예

그렇다. 닮아도 너무 닮았다. 호렙의 난장(亂場)이 오늘 내가 사랑하는 조국교회와 너무나 닮았다. 이집트에서 쫓겨난 모세가 미디안 광야에서 극적으로 살아남아 이드로를 만났고 그의 딸 십보라와 결혼하여 게르솜과 엘리에셀 두 아들을 낳고 아주 평범한 가장으로서 40년이라는 행복한 세월을 살고 있던 어간, 하나님께서 그를 시내산으로 부르셨다. 그곳에서 모세는 현존하시는 하나님을 만나는 극적인 인격적 만남(엔카운터)을 경험한다. 그곳으로 하나님이 모세를 부르신 이유는 430년 동안 이집트에서 종살이를 하며 노예로 살고 있었던 당

신의 백성을 구출해야하는 카이로스의 시간이 드디어 되었기 때문이었다. 바로 그 출애굽의 사역을 하나님께서 모세에게 맡기시기 위해 그 장소로 부르신 것이다. 너무나 엄청난 선택이자, 사명을 위탁하시는 하나님의 계획에 당황한 모세가 두려운 마음으로 하나님의 미션을 거부하려고 이렇게 질문했다. 내가 당대 최고의 권력자이고 다시 만나게 되면 나를 죽일 수 있는 가능성이 있는 바로에게 무엇이라고 말해야 합니까? 이 질문은 분명 에두름이었다. 가고 싶지 않은 것에 대한 에두름 말이다. 이것을 아신 하나님이 모세에게 당신을 정의하시는 답변은 이것이었다.

"예흐예 아쉐르 예흐예"(나는 스스로 있는 자이니라).

인간이 원하는 대로 하나님은 만들어지지 않는 자존자라는 이 엄청난 메시지가 한국교회를 각성시키는 벼락이었으면 좋겠다. 저자는 에필로그에서 출애굽 사건은 현재진행형이라고 했다. 옳다. 그래서 필자도 기도한다. 사랑하는 조국교회에 2018년형 출애굽의 은혜가 다시 일어나기를 말이다. 키리에 엘레이손!

불편했던 길만을 걸으셨던
불편한 주군 따르기

『마태와 함께 예수를 따라』(2016년)를 읽고

태극기도 태극기 나름이다

필자가 몸담고 있는 목회자 모임이 있다. 독립교회연합회 목회자
들의 기도 모임이다. 어떤 소그룹 모임이든 근래에는 손 편지를 쓰는
수고를 통한 편지로 모임 안내 공지를 하지 않고 너무나 편리한 SNS
를 통해 단체로 일체의 알림을 고지하는 참 좋은(?) 시대에 살고 있다.
그러나 이러한 문명의 이기는 표면적으로 편리한 수단처럼 여겨지는
것이 사실이지만 소속되어 있는 객체들의 의지나 사상적인 성향이나
갖고 있는 고집을 그대로 강제하는 폭력의 수단으로 사용되는 도구가
되기도 한다. 필자가 몸담고 있는 연합회도 예외는 아니다. 아프게도
신학교 후배이기도 한 회원 중에 한 명이 태극기 집회파이다. 필자와
는 전혀 다른 성향의 사람이지만 나는 그가 살고 있는 태도와 그가 가

지고 있는 이념적 성향에 대하여 가타부타하지 않는다. 아주 가끔은 정규 신학대학원에서 목회학 석사를 취득한 목회자로서 너무 대단한 한쪽의 치우침을 살고 있는 것을 보면서 때로는 그 용기가 참 부러울 (?) 때가 있을 정도이다. 그러기에 그의 개인적 소신과 행동에 대하여 나의 신학적, 목회적 기초에 따라 비평을 할 수는 있지만 비난하려고 하지 않는다. 다만 전술한 목회자들의 모임을 공지하는 공지 필드에 서는 본인이 가지고 있는 소신을 드러내지 말 것을 여러 차례 정중히 제안한 적이 있었다. 문제는 정중히 수차례 권고했음에도 불구하고 무례하기 짝이 없는 연속적인 글들과 행사의 내용들을 게재하면서 후 안무치의 일방적 정치 공세를 지속했다. 타인이 수용할 수 없는 일방 적 주장을 강제하는 것은 질 나쁜 폭력이다. 본인에게는 그것이 소신 이라고 할지라도 다양함의 극대화를 지향하는 민주적 사회에서 자기 의 이념을 남에게 강요하는 것은 재론하지만 폭력이다. 그래서 아프지 만 그 단체의 SNS에서 아예 필자는 빠져나왔다.

연세대학교 연합신학대학원에서 석사 과정을 이수할 때 당시 신 약성서신학의 주임 교수였던 서중석 교수의 '복음서 해석'을 수강했 다. 보수적인 신학교에서 학부와 대학원을 졸업한 필자는 성서해석을 이해하고 석의하는 신선한 방법론을 배움으로 인해 임했던 감동을 지 금도 그대로 기억한다. 물론 서 교수는 사회학적 관점에서 바라본 신 약성서 해석이라는 그만의 독특한 신학을 주창한 진보적 신학자이기 에 그를 비평하는 또 다른 필드의 지적 반론들이 존재한다. 여하튼 필 자가 졸업한 출신 신학교에서는 한 번도 들어보지 못했던 신약성서 해석의 방법론은 정말 행복한 공부 시간이었다. 공부를 하면서 당시 내가 얼마나 성서신학의 석의에 있어서 초보적이고, 편협했으며, 우물 안 개구리의 상태였는지를 실감했고, 이후 내가 알지 못하는 영역에서의 무지함을 변호하고 방어하기 위해 폐쇄적인 틀을 고집하는 그런 싸구려 의식을 하지 않겠다고 몇 번이고 되뇐 적이 있었다.

지금 필자가 서평을 기록하는 저자의 글 여행을 통해 제일 먼저 내놓고 싶은 소회는 긍정 반, 부정 반이다. 조금만 더 부연해 보자. 먼저 긍정의 변으로 평하고자 한다. 저자는 이 책의 글머리에서 이 책이 탄생한 배경을 필(筆)한다.

이 책은 마태복음을 묵상하려는 이들에게 도움을 주기 위해 집필되었다. 「강단과 목회」에 연재했던 원고를 한데 모으고, 마태복음 설교 가운데 몇 편을 골라 엮은 것이다(11).

다시 말해 감리교의 같은 동역자들을 위해 적어 놓았던 마태복음의 단편 묵상 모음집이라고 하면 좋을 듯싶다. 그렇다면 저자는 아마도 한 장을 집필하는 데에 있어서 시간적인 여유가 있었을 것이라는 추론이 가능하다. 매주이든, 격주이든 시간적인 여유를 갖고 글을 쓴다는 것은 저자 스스로에게 심리적인 안정을 줄 수 있음은 재론의 여지가 없다. 그래서 그런지 본 책의 내용들은 편안함이 글에 녹아 있어 필자가 앞서 만난 여타의 책들에 비해 상당히 글맛들이 여유가 있어 보였다. 저자의 글을 섭렵하신 분들은 인지하겠지만 다른 저작들에서는 치열함이 엿 보인다고 할까, 긴박성을 많이 느꼈는데 이에 반해 본 책에서는 긴박성이나 긴장감보다는 넉넉함으로 표출되는 저자의 영성 깊은 사색들이 더 많이 보였다. 물론 마태복음의 장별 순서를 갖고 있기에 강해적인 요소가 다분하지만 설교의 패턴을 논하는 것이 아니라 글말 자체의 높낮이를 느끼다보면 다시 강조하지만 여유로움과 넉넉함이 필자에게는 크게 다가왔음을 말하는 것이다.

다른 길은 다른 것이지 두려운 길이 아니다

루카치라는 비평가는 '별이 빛나는 창공을 보고, 갈 수가 있고, 또 가야만 하는 길의 지도를 읽을 수 있는 시대는 얼마나 행복했던가?'*라고 탄식했다(29).

저자의 첫 번째 설교에서 설(說)하고 있는 이 글은 적어도 나에게는 로맨틱하다는 느낌이 들 정도였다. 그러나 루카치의 글이 로맨틱한 글인가? 저자가 이 글을 인용한 것은 그가 로맨티스트이기 때문인가? 그러면 얼마나 좋겠는가? 오히려 루카치의 말이 아프게 다가오는 것은 지도자가 없는 시대이기 때문이다. 지도가 없는 이 시대이기에 말이다. 지도가 되어주는 어른, 지도가 되어주는 스승, 지도가 되어주는 교회, 지도가 되어주는 목사가 보이지 않기에 말이다. 야단치는 어른이 있었던 어린 시절은 그래도 살만했다. 회초리로 때려주던 스승이 있었던 시절은 오늘처럼 랜덤은 아니었다. 교회에 가면 쓴 소리도 들었다. 그러나 이제 교회에 가면 스위트 러브 송만 들린다. 지도가 없는 시대가 어찌 행복할 수 있단 말인가? 그런데 말이다. 이어지는 저자의 글말이 지도로 다가오니 참 드라마도 이런 드라마가 없다.

---

* 루카치, 『소설의 이론』, 문예출판사, 25.

하나님의 뜻을 따라 사는 이들은 가끔 자기 삶의 행로를 바꾸어야 할 때가 있습니다. 복의 신기루를 좇던 삶, 세상을 지배하는 이들이 프로그램화 한 삶에서 벗어나 '다른 길'로 나아갈 때에 그 길은 '좁은 길'일 때가 많습니다(33).

현대인들이 두려워하는 것은 낯설음이다. 그 낯설음의 대부분이 좁은 길로 접어들 때라고 생각한다. 지금까지 익숙하게 지나온 길이 아니라 다른 길로 접어들 때 낯설음이 있다고 지레짐작한다. 그러나 성숙은 낯설음이라는 과정을 통과할 때만 얻어지는 결과물이다. 그러므로 다른 길로 접어드는 것을 겁내지 말아야 한다. 이것을 시인 박노해는 미리 알았던 것 같아 필자는 왠지 들켜버린 느낌마저 든다.

나에게는 분명 나만의 다른 길이 있다. 그것을 잠시 잊어버렸을지언정 잃어버린 것은 아니다. 지금 이대로 괜찮지 않을 때, 지금 이 길이 아니라는 게 분명해 질 바로 그때, 다른 길이 나에게 찾아온다. 길을 찾아 나선 자에게만 그 길은 나를 향해 마주 걸어온다.*

두 번째의 설교에서는 이렇게 말한 대목이 등장한다.

평화란 내가 태어나길 잘했다고 하는 것, 네가 태어나기를 잘했다는 것 그리고 너와 내가 친구가 될 수 있는 것(65).

---

* 박노해, 『다른 길』(서울: 느린나무, 2014), 9.

참 은은하다. 그의 교훈이 말이다. 한데 2017년 3월은 참 잔인하다. 잔인의 정도가 좀 심했나? 스산하기까지 하다. 대한민국의 광화문과 시청 앞에 설치된 경찰의 차벽을 보면서, 98년 전, 왜놈의 긴 칼의 폭거에도 아랑곳하지 않고 들고 나왔던 태극기가 오늘 내가 살고 있는 현장에서 무서운 또 다른 폭력의 도구로 변장되는 것을 보면서 평화를 말할 수 없음에, "네가 태어나길 잘했어", "내가 태어나길 참 잘했어", "너와 네가 친구가 될 수 있어서 너무 행복해"라고 말하는 것이 마치 꿈같은 일로 전락된 이 땅 대한민국이 참 아프다. 오늘 조국의 상황이 이럴진대 기독교적인 이름으로 평화를 말해도 듣지 않는 세상을 만든 교회의 자화상은 너무 아프고 또 아프다. 저자는 이렇게 역설했다.

> 신앙생활은 들음과 행함, 아는 것과 살아내는 것 사이의 간격을 좁히기 위한 고투과정이다. 삶으로 번역되지 않은 앎은 특히 종교적 교만으로 변질되기 쉽다(101).

아마도 오늘 교회에서 아무리 그럴듯하게 평화를 말해도 세상이 듣지 않는 이유는 교회와 그리스도인들이 들음과 행함, 아는 것과 살아내는 것의 간격을 좁히는 것에서 실패했기 때문이라는 것은 못내 아쉽다.

'대기'는 몰라도 '꼭대기'는 어림도 없지!

이제 저자가 말하는 예수를 따라가 보자. 저자는 변화산상에서의 담론을 이야기하는 자리에서 '꼭대기'라는 단어를 재조명한 다석 유영

모 선생의 가르침을 소개한다.

> '꼭대기'라는 말은 '조금도 틀림없이' 뜻하는 '꼭'에 '손을 대본다'고 할
> 때 '대기'가 합쳐진 말로 재해석했는데, 즉 꼭대기는 진리가 있는 곳입
> 니다(207).

필자는 이 글을 만나면서 생뚱맞게 이런 생각을 해보았다. 조금도 틀
림이 없는 존재를 믿는데 그 존재의 획일화를 신경질적으로 거부하고
있는 탈근대의 시대를 어떻게 수용해야 하는가를 말이다. 과연 그 꼭
대기를 인정하는 기상도가 오늘도 존재할 수는 있는가를 말이다. '대
기'는 취사선택의 문제라고 하더라도 '꼭대기'마저도 포기하라는 압력
과 폭력과 강제가 있을 때 나는 어떻게 반응해야 할까? 어디까지 양보
해야 하는 것일까?

국내에도 적지 않은 책을 출간하여 많은 독자층을 가지고 있는 김
영봉 목사가 쓴 『가장 위험한 기도, 주기도』에 보면 이런 의미심장한
언급이 담겨 있다.

> 죄라는 말이 요즈음 '기피단어'가 되고 있다. 소수자에게 상처가 되는
> 표현을 피해야 한다는 '정치적 올바름'(political correctness)이라
> 는 가치 때문에 앞으로 어떤 행동을 죄라고 부르는 것을 금지할 날이
> 올지도 모른다. 사람들은 죄를 부정하고 죄에 대하여 생각하지 않고
> 살기를 원한다. 그래서 과거에 '죄'라고 부르던 것을 요즈음은 '선택'
> 이라고 부르며 과거에 '죄'라고 부끄러워했던 것을 요즈음은 '기호'라
> 고 자랑한다. 이렇게 하면서 죄를 쌓아간다.*

김 목사의 지적에 전적인 동의를 표하면서 이런 시대의 암울함이 있기에 '꼭대기'는 역설로 반드시 사수되어야 하고 지켜져야 하며 존재해야 함을 심각하게 고집해 보는 것은 필자의 영적 자존감이기도 하다. 저자는 교회를 지칭하면서 루터의 지론을 하나 소개한다.

교회는 거룩한 창녀이다(208).

저자가 이 글을 소개한 이유는 교회의 속성이 거룩함을 지향하지만 여전히 옛 삶의 관습에서 벗어나지 못한 이들의 모임이라는 루터의 뜻을 부연하기 위해서였다. 제자들의 행보를 보면 역시 이런 거룩한 창녀의 속성을 민낯으로 보여주는 장면이 곳곳에 지뢰처럼 매설되어 있음을 당사자였던 마태가 본인의 복음서에서 소개한다. 대표적인 예가 '천국에서 누가 제일 큰 자인가?'의 설전이다. 가장 좋은 자리, 높은 자리를 탐하려는 천박함이 예수를 따르던 현장에 있었던 제자들에게 보이는 것이 조금은 이례적이기는 하지만 또 한편으로 보면 너무 자연스러운 장면일 수도 있겠다 싶다. 저자는 진보 신학자 마커스 보그의 말을 소개한다.

믿음이란 하나님의 부력(浮力)을 신뢰하는 것이다(마커스 보그).*

자기의 가능성보다는 하나님의 가능성에 몸과 마음을 맡긴 채 그 뜻

---

* 김영봉, 『가장 위험한 기도, 주기도』(서울: IVP, 2013), 163.
* 마커스 보그, 『기독교의 심장』(서울: 한국기독교 연구소), 55.

을 수행하기 위해 전력을 다하는 신뢰 말이다.

필자는 근래 주일 예배에서 고린도전서를 교우들과 함께 나누고 있다. 연구를 하다가 주후 1세기 고린도지역에 세워진 교회 공동체의 가장 치명적인 아킬레스건이 성경을 빙자한 자유를 내세운 방종임을 알고 심히 놀랐다. 심지어 간음(포르네이아)이 고린도교회 공동체 중에 지식층을 이루고 있는 자들의 정욕적인 일탈임에도 불구하고, 도리어 과부된 자들을 돌보는 선한 행위로 변질시킨 것을 보면서 아연실색했다. 저자의 말대로 교회가 배울 것이 없고 도리어 가르칠 것만 있다고 생각하는 순간 내가 섬기고 있는 교회가 얼마든지 고린도교회가 될 수 있음을 성경을 통해 목도하며 소름끼쳤다. 어디 이뿐이랴! 그렇게 생각하고 죄를 인식하지 않는 삶을 사는 내가 바로 '고린티아 제스타이'*의 한 복판에 서 있는 자가 아닐까 싶어 전율했다. 저자의 일성을 하나만 더 나누어 보자.

> 이 잔을 내게서 지나가게 하옵소서와 '그러나' 사이에는 하나님의 침
> 묵이라는 거대한 단절이 존재한다(293-294).

저자의 이 대목을 이해하기 위해서 독자가 반드시 알아야 하는 전제가 있다. '그러나'가 주는 성경 텍스트에 대한 깊은 성찰이다. 하나님의 침묵을 예수는 역설적으로 곧 응답이라고 생각했다는 사유로의 연결이다. 침묵을 못 견디는 시대에 '그러나'의 사유는 우리 그리스도인

---

* 고린도 사람처럼 산다는 의미로 음란함과 타락과 방탕의 삶을 살던 고린도교회 사람들
  을 말한다.

들에게 신앙의 추를 바로 세워주는 지렛대임을 인식하는 지혜가 있었으면 좋겠다.

조금은 거북하지만 텍스트를

이제 부정의 반을 나누고 평을 마감하고자 한다. 필자는 저자의 책을 빼놓지 않고 읽는다. 더불어 반드시 서평을 남긴다. 이유는 그의 글에서 많은 것을 배우고 동시에 같은 설교자로 공감하는 글들을 만나기 때문이다. 현직 목회자들이 출간한 글들을 읽다보면 상당수 여타의 책에서 반복적으로 소개하고 있는 식상한 소재의 예화들, 주변 잡기식의 천편일률적인 이야기들을 보게 된다. 심지어는 토씨하나 틀리지 않고 그대로 뻔뻔하게 출처를 무시한 복제판들이 유령처럼 떠도는 것을 너무 많이 발견해서 실망할 때가 한 두 번이 아니다. 이에 반해 저자는 언제나 필자를 실망시키지 않는 편이기에 그의 글을 좋아한다. 그러나 부정의 평을 저자에게서 나눌 수 있는 것이 없는 것이 아니다. 가장 유감스럽고 아쉬운 것은 본 책과 같은 설교 형태의 출판 도서에서 나타나는 텍스트 연구의 집요함이 콘텍스트 연구의 적용에 비해 떨어진다는 점이다. 필자와 같은 대부분의 독자들은 텍스트에 대한 목마름이 있다. 동시에 그 텍스트에 대한 집요함과 물고 늘어짐으로 텍스트 해석의 일차적 씨름이 치열한 저서들을 보고 싶을 때가 너무 많다. 필자가 저자에게 거는 기대가 너무 커서 그런지 마태복음 여행은 이 점에 있어서 실망스럽다. 이런 유감스러움은 근자에 출간된 『아, 욥』에서도 예외는 아니었다. 언제나 저자는 콘텍스트에 강하다. 이에 비해 텍스트 접근은 심히 아쉽다. 아마도 이런 평자의 심정은 저자를 세상에 알리는 데에 일조한 정용섭 박사의 저자 평『속빈 설교, 꽉 찬 설교』와도 일맥상통한다. 그러기에 저자에게서 텍스트와 콘텍스트의 치열함이 함께 돋보이는 또 다른 수작이 등장하기를 바라는 것은 단순히 필자만의 생각이 아니라 저자의 글을 좋아하는 모든 사람들의 기대가 아닐까 싶다. 그럼에도 불구하고 저자의 마태 여행은 어린아이와 같은 나에게 영혼의 깊은 샘물을 먹게 해 준 달고 단 청정수임에 틀림이 없다. 그래서 저자의 수고에 뜨거운 박수를 보낸다.

희망의 대안은 바로 너란다

『세상에 희망이 있냐고 묻는 이들에게』(2016년)를 읽고

날씨 맑음, 아침에 일어났다

초등학교 시절 글쓰기는 주로 일기 쓰기였다. 일기에 대한 추억이
좋은 사람은 천재다. 적어도 평자의 일기 쓰기 기억은 지루하다 못해
참지 못할 지긋지긋한 숙제였다. 그것도 매일 써야 했던 지옥 같았던
쓰디쓴 추억이다.

날씨 맑음, 아침에 일어났다. 이를 닦고 세면을 한 뒤에 밥을 먹고 나
서, 책가방을 챙겨 학교에 갔다. 학교에서 열심히 공부를 하고 집에
돌아와 숙제를 하고 잠깐 놀다가 이를 닦고 잠을 잤다.

이런 내용을 매일 전혀 다른 것처럼 쓴다는 것은 기적이었지만 고문
이었다. 그러다보니 밀리는 것은 다반사, 어쩔 수 없이 개학 전에 몰아

쓰기가 되었다. 가장 힘들었던 것은 날씨 맞추기였다. 그렇게 우여곡절 끝에 일기 쓰기 숙제를 제출하고 나면 조마조마했다. 선생님에게 들킬까 봐. 일기 숙제를 돌려주는 선생님은 거의 대부분의 동료들에게 무의미하게 나눠주셨다. 무사히 넘어가서가 아니라 코멘트 할 가치가 없어서였을 것이 분명하다. 나만 그런 것이 아니라 다른 아이들의 일기 숙제도 오십보백보였기에 말이다. 그렇게 일기 쓰기를 지옥같이 여겼을 때, 아주 가끔 선생님이 반색하며 칭찬했던 친구들이 눈에 보였다. 필자처럼 몰아쓰기가 아닌 창작력을 갖고 글쓰기에 성공한 아이들이다. 이윽고 본보기로 그 아이들이 쓴 글이 발표될 때 그 친구들의 글은 딴 나라 이야기처럼 신기할 정도로 아름다웠다. 세월이 지난 후, 그 친구들은 지금도 문학 분야에서 한 몫을 하고 있으니 흔히 하는 말처럼 될 성 싶은 나무는 그 떡잎부터 알아본다는 어른들의 말이 틀리지 않는 말임에 분명하다.

일본 최고의 평론가로 평가받고 있는 다치바나 다카시가 쓴 『나는 이런 책을 읽어왔다』에서 저자가 중학교 3학년 시절, 한 문예지에 보낸 '나의 독서를 돌아보다'라는 기고에서 이런 놀라운 발표를 했다고 한다.

아마도 끊임없는 삶의 연속선상에서 보는 것, 생각하는 것, 행하는 것, 이 세 가지를 반복하고 피드백을 거치다보면 어느 날 정신적인 비상을 이루는 때가 찾아와 모든 것을 직관으로 파악할 수 있는 그런 날이 올 것이라는 확신이 나의 생활을 지탱해 준 신념이었습니다.[*]

---

[*] 다치바나 다카시/이언숙 옮김, 『나는 이런 책을 읽어왔다』 (서울: 청어람미디어, 2014), 185.

이 글을 읽다가 벼락을 맞은 것 같았다. 중학교 3학년 학생의 변으로 도무지 믿어지지 않았기 때문이다. 이렇게 개중에 특별한 괴물들이 있다. 천재적 가능성이 있는 아이들 말이다. 그러나 대부분의 범인들이야 이럴 리가 있겠는가! 그럼에도 천재적인 글쓰기 능력은 없지만 대기만성은 존재한다. 부단히 노력한 끝에 글 쓰는 이가 된 후천적 지인들도 지천이다. 그들의 공통점은 끊임없는 글쟁이로서의 노력 끝에 일기 몰아쓰기의 수준에서 환골탈퇴를 경험했다는 점이다. 그 경험은 사람마다 약간의 차이가 있을지는 모르겠지만 뒤늦게라도 글 읽기와 글감 남기기를 소홀히 여기지 않았다는 것이다. 필자는 이런 사람 중에 하나를 뽑으라면 서슴지 않고 작가 조정래라고 말한다. 조정래는 『황홀한 글 감옥』에서 이렇게 말했다.

"저는 저의 재능보다 노력을 더 믿었습니다."[*]

결례일지 모르겠지만 저자도 글쓰기에 있어서 후천적 노력자인 듯하다

이 책은 수많은 사람들과의 만남의 흔적이다. 한 주에 한 번씩 꽃자리 웹진에 글을 쓰기로 작정한 후에 매 주일 나의 삶의 지평 속에 등장했던 이들과의 만남을 기록하기 시작했다(6-7).

저자만 사람을 만나는가? 그럴 리가 있겠나. 필자도, 독자도 마찬가지

---

[*] 조정래, 『황홀한 글 감옥』, 98.

수많은 사람들과의 부대낌 속에서 하루를 열고 닫지 않는가. 다만 저자의 글을 읽고 북 리뷰를 남기면서 든 소회는 이것이다. 생각하고 만난 만남의 흔적들을 기록으로 남기는 것과 그렇지 않은 것의 차이, 바로 이것이었다. 이 점에서 저자는 사유(思惟)한 자이다. 삶의 내용들에 대해 치열하게 맞장 뜨는 자였다. 부러운 것은 그 치열함을 글감으로 풀어내는 능력이다. 이 능력은 말할 것도 없이 독서의 내공이 받치고 있을 때 가능하기에 다시 말해 아무나 가질 수 있는 능력이 아니기에 부럽다고 표현해도 된다. 앞에서 언급한 다치바나 다카시는 일본 최고의 평론가로 평가받고 있다. 그의 독서 내공은 타의 추종을 불허하기에 말이다. 그의 말을 또 하나 인용해 보자.

> 정설(正說)이 아닌 것에 대해 강한 관심을 보이는 일은 인간의 유연한 적응력을 키우는 데 무엇보다 중요한 것이다.[*]

또 이렇게 말했다.

> 이상한 현상과 만나는 것은 인간이 건강한 적응 능력을 기르기 위해 꼭 필요한 것이라고 할 수 있다.[**]

저자의 글을 접하면서 다치바나 다카시의 이 지적을 고스란히 옮겨놓은 듯한 착각이 들 정도의 짜릿함을 맛보았다. 김기석이라는 작

---

[*] 다치바나 다카시, 『나는 이런 책을 읽어왔다』, 241.
[**] 같은 책, 242.

가의 글이 주는 신선함은 언제나 정설이 아닌 것에 대한 호기심, 동시에 이상한 현상에 대하여 적대적이지 않은 호의에서 발견된다. 적어도 현직 목사로서 갖고 있는 상투성과 치열하게 피 튀기며 싸운다. 그래서 그의 글을 눈에서 놓지 못한다. 목사가 먹사로 불리는 가장 치욕적인 평가를 받고 있는 이 시대인데도 불구하고 이 정도의 사고를 갖고 있는 자가 목사직을 수행하고 있다는, 그런 사람도 있다는 대리만족 때문에 필자는 큰 기쁨을 얻는다..

설교문의 상투적인 도식인 1, 2, 3 대지에 익숙한 문화에서 자랐던 필자라서 그런지 글을 접근해 나가는 데에 있어서 이 형식에서 도리어 푸근함(?)을 느꼈다. 총 다섯 개의 꼭지로 구성된 본서를 저자가 그렇게 의도했는지 아니면 출판사(꽃자리)에서 그렇게 편집했는지는 나로서는 가늠할 수 없지만 말이다. 저자의 다른 책들은 이렇게 구분하지 않았던 것이 태반이기 때문이다.

고장난 세상을 고친다

유대인들의 교육법인 '티쿤 올람'(tikun olam), 즉 '고장난 세상을 고친다'는 명제로 풀어나간 첫 번째 장(章)에서 적어도 내가 살고 있는 지금보다 내가 떠날 때의 세상은 더 아름다워진 세상이기를 바라는 저자의 갸륵함이 필자에게도 전달되었다. 그러려면 '우분투'(I AM BECAUSE YOU ARE)의 마음으로 '너'없이 '나'도 없다는 것을 인식하고 살아가는 태도가 그 무엇보다 중요함을 글로 역설한다. 인상적이었던 것은 하이데거의 철학적 인간의 해석이었다. 요약하면 이런 설명이다.

인간의 삶은 관계맺음으로 요약될 수 있다. 이 관계맺음을 '고려'라고 한다. 다른 사람과 관계를 맺는 것을 구별하기 위해 하이데거가 선택한 단어는 '배려'이다. (중략) 인간의 인간됨은 타자의 입장에서 서 보는 것이다. 조금 더 적극적으로 말하자면 타자가 자기의 능력과 사람됨을 주체적으로 사용하고 또 형성해 가도록 돕는 일이 우리 각 자에게 주어진 소명이라 할 수 있다. 그러므로 그의 철학을 말하는 총체적인 단어는 전치사 'für'(~위하여)에 담겨 있다고 할 수 있다(57).

결국 고장난 세상을 고친다는 것은 타자와의 선한 관계 맺기로 가능하다는 역설이다. 오늘 내가 사는 세상이 어두운 이유는 나와의 관계 맺기는 매우 탁월함에 비해 너와의 관계 맺기가 빈약하기 때문이리라. 고려와 배려가 환상적인 조합을 이루는 사회, 우리 그리스도인들이 실천해야 할 '티쿤 올람'이지 않을까 싶다.

고귀함

두 번째 꼭지가 칼로카키티아이다. 발음하는 것조차 어려운 단어 '칼로카키티아'라는 이 희랍어를 저자는 '고귀함'으로 번역했다. 물론 그 출처는 아리스토텔레스의 가르침이다.

성격의 고귀함과 선함을 드러내는 말이다. 아름다움 앞에 자꾸 서보고, 그 아름다움을 향유할 수 있는 능력이 깊어 갈 때에 자기중심적인 굴레에서 벗어날 수 있지 않을까 싶다(88).

저자는 이 장(章)에서 우리 모두가 공감해 보아야 할 의미를 나눈다. 최근에 어느 교사에게서 들은 이야기라면서 공개한 내용이 이것이었다.

한국교육은 연필 깎는 것을 다시 가르치는 것부터 시작해야 한다. 한 손에 칼을 쥐고, 다른 한 손에 쥔 연필을 깎을 줄 아는 아이들이 거의 없다. 기구가 대신해 주거나 엄마가 대신 해주기 때문이다(91).

나는 이 글을 기초체력의 부족으로 읽었다. 이 체력이 없기에 남을 의지하는 허약함이 태반인 이 땅의 아이들이 양산되고 그 결과 자립적인 모드로 성장한 아이들을 찾아보기가 쉽지 않은 세태가 되는 아픔이 우리 곁으로 와 있다. 결국 이런 아이들이 중심이 되어 이루어질 세상이 허약하기 그지없을 것은 불을 보듯 뻔하다. 이런 허약성과 의존성으로 길들여져 있는 자아가 살아남기 위해 이기적 존재가 될 수밖에 없는 사회적 구조는 감히 이타적인 생각을 하지 못하게 한다. 그뿐만 아니라 그렇게 살아가는 사람이 혹여 있으면 그는 마치 박물관에서나 찾아볼 수 있는 인간으로 취급하는 거꾸로 되어도 한참 거꾸로 된 현상을 발아하게 한다는 점에서 몹시 우려스럽다. 이 점에 있어서 저자도 필자의 마음을 이해했는지 이렇게 정리하는 문장을 남겼다.

'다른 사람'이 되는 것이 아니라 '다 나은 사람'이 되는 것이 중요하다(93).

사사로움

세 번째 꼭지는 이디오테스이다. 저자는 이 단어를 '사사로움'이라고 번역했다. 그리고 이렇게 단어를 부연 설명한다.

> 영어로 '바보' 혹은 '백치'를 뜻하는 이디엇(idiot)은 헬라어 이디오테스(idiotes)에서 유래했다고 한다. 이 단어는 '공공의 문제에는 관심이 없고 오직 사사로운 개인의 문제에만 관심이 있는 사람'을 뜻하는 단어이다(137).

저자가 왜 이 단어를 돌출시켰을까? 아마도 그리스 사람들이 보았던 정치에 대한 역학구도를 도입하고 싶어서는 아니었을까 조심스럽게 진단해 보았다. 다시 말해 이명박근혜 정부로부터 지속적으로 야기된 정치적 불신이라는 뜨거운 감자를 도외시하려는 의도적인 일체의 시도를 이디엇으로 평가하고 싶었을지 모른다. 그런데 어찌하랴! 정치는 사사로운 영역이 아니라 공적 영역인 것을. 촛불 혁명이 무엇이었을까? 나의 이디오테스의 상태를 깨운 것은 아닐까 싶다. 그렇게 의도하고 저자가 쓴 것이 아님을 알지만 소설가 고종석의 일침은 아주 교묘하게 이디오테스의 무능력과 무감각의 중력 상태에서 벗어나게 해주는 파문처럼 필자에게 다가왔다.

> 어루만짐은 일종의 치유이고 보살핌의 연대이다(157).

오늘 내가 살고 있는 현장의 비극은 어루만짐으로 이루어 가는 치유가 대세인 것이 아니라 어떻게 하든지 터트리고 파괴해서 곪게 하려는 움직임들이 대세가 되었다는 리얼리티의 막장 드라마 같은 현실이다. 미국의 대통령을 볼 때마다 나는 그에게서 이디오테스의 드라마를 보는 것 같아 소름이 끼친다. 거기에 맞물려 생존의 치킨게임을 할 수 밖에 없는 북쪽의 어린 지도자를 보면서 그가 더 큰 이디오테스로 자리매김하고 있는 것 같아 몹시 쓰라리다. 필자는 오늘 우리들에게 절실하게 필요한 것이 어루만짐이라고 말한 저자의 견해에 적극 지지를 표한다. 그것이 희망이라는 것을 평자도 믿기 때문이다. 그래서 그런지 오늘따라 레베카 솔닛의 갈파가 기억에 선명히 새겨진다.

> 우리 자신을 새롭게 창조하는 데에 있어서 가장 큰 장애는 다름 아닌 희망의 마비이다.[*]

무슨 일이 있어도 희망을 포기하는 절망만큼은 경험하지 말자. 난 이 슬로건이 떨어지지 않을 것을 믿는다. 왜? 남은 그리스도인들이 어루만짐을 포기하지 않을 것이라고 확신하기 때문이다.

길 위의 사람

네 번째의 꼭지로 넘어가 보자. 길 위의 사람, 호모비아토르의 면(面)이다. 저자는 이 면에서 가슴에 깊이 새겨 놓고 싶은 촌철살인을 하나 지긋이 건넨다.

---

[*] 레베카 솔닛/설준규 옮김, 『어둠 속의 희망』 (서울: 창비, 2006), 172.

떠나는 이들은 언제나 주류적 가치에 사로잡히기를 거절한 이들이다 (222).

왜 이 말이 절절하게 다가왔을까? 아마도 보상심리이리라. 9년 전, 아주 잘 나가던 주류에서 탈락되어 철저하게 비주류의 나락으로 굴러떨어진 필자의 삶 중에 굴곡진 흔적들에 대하여 보기 좋게 격려해준 한마디라고 할까. 그래서 저자의 이 말이 살갑게 다가왔다. 그런데 격려의 말로만 치부하기에는 저자의 역설이 뭔가 억울해 보인다. 더 솔직히 성이 차지 않는다. 난 '떠나는 이들'이라는 말에 후한 점수를 주고 싶다. 내가 떠나고 싶어서 길을 떠나는 사람들의 인생이 과연 얼마나 될까, 내밀리어 떠나는 것이 인생이 아닌가! 할 수 없어 밀리는 인생 말이다. 직장에서, 가정에서, 심지어 어떤 경우에는 교회에서조차 내밀리어 떠나게 되는 비극이 우리 주변에서 얼마나 많이 목격되는가! 이런 차원에서 능동적 떠남, 자발적 떠남을 선택한 자들의 용기가 너무 부럽다. 레베카 솔닛은『걷기의 인문학』에서 기막힌 에필로그를 장식한다. 다음과 같은 글 맺음으로.

역사에 미래가 있는가 여부는 아직 그 길을 걸어가는 사람들이 있는가에 달려 있다.[*]

길을 걸어가는 자는 위대하다. 왜? 그들은 호모비아토르이기 때문이다. 호모비아토르는 진보한다. 왜? 정체하지 않기 때문이다. 언제나

---

[*] 레베카 솔닛/김정아 옮김, 『걷기의 인문학』 (서울: 반비, 2017), 466.

항상 늘 그는 움직인다. 서 있으면 흔들릴 수 있는 자아를 알기에 앞으로 나아간다. 프랑스 스트라스부르 대학의 사회학 교수인 다비드 르 브르통은 이렇게 자신의 혜안을 나눈 적이 있다.

걷기는 세계를 사물들의 충일함 속에서 생각하도록 인도해 주고 인간에게 그가 처한 조건의 비참과 동시에 아름다움을 상기시켜준다.*

필자는 저자의 책들을 섭렵하면서 특이한 점을 알게 되었다. 그것은 저자가 길에 천착한다는 점이었다. 그가 발간한 책 제목만 보아도 짐작할 수 있다. 『가시는 길 따라 나서다』(2009년), 『길은 사람에게로 향한다』(2007년), 『말씀의 빛 속을 거닐다』(2015년), 『흔들리며 걷는 길』(2014년), 『광야에서 길을 묻다』(2015년), 『오래된 새 길』(2012년) 등등 길과 참 깊은 교제를 하려고 노력하는 흔적들이 보인다. 저자가 이토록 길에 대하여 애착을 갖는 이유는 그가 스스로 호모 비아토르임을 인식하며 언제나 길 떠날 준비를 하고 있음이 아닐까 싶다. 그래서 그는 현명하다.

묶음

다섯 번째 꼭지로의 초대이다. '아케다'의 현장이다. 히브리어로 '묶는다'는 뜻의 '아케다'는 어떤 의미로 보면 창세기에 소개된 비극이다. 외아들 이삭을 묶어 하나님께 번제로 드리는 아버지 아브라함의

---

* 다비드 르 브르통/김화영 옮김, 『걷기 예찬』(서울: 현대문학, 2010), 237.

이야기 말이다. 주목할 것은 저자가 아케다를 설명하는 자리에서 유대인들이 항상 이삭의 번제 사건을 건드릴 때 주목한 대상인 이삭에 방점을 찍지 않았다는 점이다. 그렇다고 전통적인 해석대로 아브라함이 가지고 있는 하나님을 향한 절대적인 믿음으로 전개하지도 않았다. 저자가 주목한 '아케다'의 현장에서의 주인공은 어머니이자 아내인 사라였다. 어떻게? 창세기 22장의 면면을 살필 때 항상 사라는 제외되었다는 아이러니의 폭로로 말이다.

> 자신의 태속에 들어온 생명을 애지중지 돌보고 산고를 겪으며 출산한
> 아들의 운명을 결정하는 일에 사라는 제외되었다(276).

필자가 저자의 이 진단에 주목한 이유는 이것이다. 사라가 무조건적으로 남편이 결정한 사항에 대하여 단 한마디의 토를 달지 않았던 것은 그녀가 존경할 만한 신앙의 여인이자 아내이기 때문도 아니요, 아들을 맹목적으로 빼앗겨도 말할 수 없었던 가부장적인 족장 시대의 여인만이 느껴야 하는 폭력의 피해 당사자일 수밖에 없었던 무기력 때문도 아니라 아들의 사라짐을 슬픔으로 승화시켰던 여인이었다는 대목 바로 그것이었다.

금년에 평자는 여류 예술 평론가이자 문화비평가인 레베카 솔닛의 신세를 많이 졌다. 그래서 그녀에게 감사의 뜻을 전하고 싶다. 그녀의 글 중에서 금년에 참 많은 생각을 하게 한 작품은 『남자들은 자꾸만 나를 가르치려 든다』였다. 혹자는 이런 극단적 페미니즘적인 작품을 높이 평가하려는 필자에게 고개를 갸우뚱하였지만 엄연히 이 책은 남자인 나를 깊이 고민하게 하고 반성하게 한 걸작으로 남아 있다. 책의

시작에서 그녀가 던진 화두는 정신을 번쩍 나게 했다.

> 자신이 잉여라는 생각과의 전쟁이고, 침묵하라는 종용과의 전쟁이다.[*]

여성들이 이런 전쟁을 치르게 된 결정적인 원인 제공을 한 자들이 분명히 남성이라는 선전포고가 예사롭게 들리지 않았다. 6.2분마다 강간이 벌어지고 여성 다섯 명 중에 한 명이 강간을 당하는 나라에서 태어난 솔닛이기에 가장 비인간적인 폭력을 당하고도 여성은 잉여 혹은 침묵이라는 또 다른 폭력에 짓밟혀 있다는 그녀의 전개가 억지가 아님을 필자는 동의한다. 책을 읽다가 조금은 전투적인 글을 읽고 통쾌(?)했다. 충분히 항명할 수 있는 여성의 권리임을 지지했기 때문이다.

> 내가 지금보다 젊었을 때, 드넓은 대학 캠퍼스에서 여학생들이 강간을 당하자 대학 측은 모든 여학생에게 해가 지면 밖에 나가지 말라고, 아니면 아예 나돌아 다니지 말라고 일렀다. 건물 안에 있어라. 그러자 웬 장난꾸러기들이 다른 처방 법을 주장하는 포스터를 내 붙였다. 해가 진 뒤에는 캠퍼스에서 남자를 몽땅 몰아내자는 처방이었다.[**]

김기석은 사라의 슬픔을 가진 자들을 소개한다. 한국으로 코리안 드림의 꿈을 안고 왔다가 건강, 인권, 물질들을 다 빼앗긴 채로 버려진 이주노동자들, 세 살배기 시리아 난민 아일란 쿠르디, "우리가 죽은

---

[*] 레베카 솔닛/김명남 옮김, 『남자들은 자꾸 나를 가르치려 든다』 (서울: 창비, 2017), 16.
[**] 위의 책, 111.

후에 세상이 나아졌나요?"라고 묻는 304명의 세월호 희생자들이 바로 그들이라고.

필자는 이 땅에서 목사로 살아간다. 목사로 바장이는 내 목회신학은 과연 무엇인가? 나는 위에 열거한 자들을 고귀함의 극치로 인정하고 현장과 강단에 매일 서는가? 저자가 일갈한 대만 출신 신학자 C. S. 송이 말한 신학을 현장에서 적용하고 있는가?

> 정치신학은 민중의 눈물 즉 자기와 다른 사람들의 불행 때문에 흘리
> 는 민중의 눈물에서 비롯된다.[*]

저자는 '아케다'의 사라를 조명하며 가슴을 출렁이게 하는 금과옥조 같은 시금석을 하나 살포시 필자의 마음에 놓는다.

> 슬픔이야 말로 '너'에게 건너가는 다리가 아닌가 싶다. '나'의 고통이
> '나'만의 고통에 머물 때 감상 혹은 애상에 빠지기 쉽지만 그것이 타자
> 의 고통에 대한 공감으로 화할 때 그 고통은 보편적 의미를 획득한다
> (277).

목회는 '아케다'의 현장이다. 어쩔 수 없이 아들을 묶어야 하는 현장 말이다. 그러나 그 묶음이 죽이기 위한 아케다가 아닌 타자를 살리기 위한 아케다가 되어야하는 것은 물론, 타인의 슬픔을 내 슬픔으로 1인

---

[*] C. S. 송/김기석 옮김, 『맹부인의 눈물』 (서울: 도서출판 일과놀이), 89; 『세상이 희망이 있느냐고 묻는 이들에게』, 254. 재인용.

칭 객관화하는 아케다 즉 이타적 슬픔을 승화시키는 장소가 목회 현장이어야 하지 않나 싶다.

마음의 길

마지막 장으로 들어가 보자. 라흐마니노프의 '베스퍼스'이다. 가톨릭 성무일과 중에 저녁기도를 의미하는 '베스퍼스'를 '마음의 길'이라고 혹자들은 평가하며 정의한다. 수많은 길이 있다. 가본 길, 가보지 않은 길, 가야 할 길, 가지 말아야 할 길 등등. 우리 앞에 놓인 길들은 형형색색이며 그리고 또 어떤 경우에는 위험천만이다. 필자는 이런 수많은 길들 중에 가장 걷기 어렵고 힘든 길이 있다고 확신한다. 그것은 마음의 길이다. 이 길은 어느 누구와도 같이 걷기가 녹록하지 않은 길이기 때문이다. 그러나 한 가지 도구가 있다면 이 길은 천군만마를 얻은 것처럼 힘 있게 걸을 수 있다. 그 도구는 진정성이다. 저자도 이에 동의한 듯하다.

나는 언어보다 더 근본적인 것은 서로의 마음에 가 닿으려는 절실함과 진정성이라고 생각한다. 바로 이것이 마틴 부버가 말한 '근원어' 즉 자기의 전 인격을 걸어 말하는 언어이다(339).

저자는 또 지성 슬라보예 지젝을 빌어 말한다.

오늘의 세계는 우리에게서 꿈 꿀 수 있는 능력마저도 억압하고 있다(364).

이것에 동의하기에 필자도 꿈 꿀 수 있는 소망이라도 결코 포기하지 않기 위해 내 마음의 길을 진정성과 절실함을 담보로 걸으려고 한다. 가장 큰 비극은 소망의 좌절이기에 말이다. 저자는 라흐마니노프를 말했지만 필자는 긴 글을 쓴 피로를 푸는 방법으로 하인리히 쉬프의 첼로 연주로 듣는 안토니오 비빌디 콘티누오를 위한 협주곡을 택했다. 이것으로 충분하다. 서재에 울려 퍼지는 첼로의 선율이 기가 막히게 성스럽다. 김기석 책이 또 나오지 않기를 바라야 하는가? 그가 출간한 모든 서적의 서평을 마치고 난 뒤의 소회는 이렇다.

"저자여! 책 출간 좀 천천히 하라. 따라가기 버거우니."

그래도 왜 그의 책이 기다려지는지, 모순 덩어리다.

대들 때 대드는 것이
아름다워 보이는 이유는 무엇일까?

『아! 욥』(2016년)을 읽고

정상적인 것을 비정상화한 것이나 되돌려라

진정한 상식이란 공적 영역에서 표현과 의견교환의 자유가 확고히 지켜지는 상황에서만 나올 수 있는 수단인 동시에 목적이다.[*]

버지니아 대학 역사학 교수인 소피아 로젠펠트의 말이다. 나는 상식이라는 개념에 관한 그의 정의 중에 '공적 영역'이라는 말에 필이 꽂혔다. 이유는 상식이 영향을 미치는 영역은 예외적인 영역을 둔 것이 아니라 누구든지 공감하는 공공성을 전제한다는 그의 지적을 받아들였기 때문이다. 박근혜 정부가 출범하면서 내건 슬로건 중에 아주 그럴듯한 것이 있었다. "비정상의 정상화" 사실 이 슬로건이 나왔을 때 필

---

[*] 소피아 로젠펠트, 『상식의 역사』, 404.

자는 지극히 냉소했다. 왜냐하면 적어도 이 슬로건이 공식적으로 대중들에게 등장했을 때, 역설적으로 상당수의 영역에서 '정상적인 것들의 비정상화'가 정부에 의해서 진행되고 있었기 때문이다. 그래서 그랬는지 모른다. 로젠펠트가 이렇게 말한 이유가.

> 상식을 진정한 상식인 긍정의 화두로 이용하지 않고 정치적 수단으로 이용할 때 역사적으로 모두가 '포퓰리즘'을 낳는 도구로 전락한다.*

이런 면에서 잃어버린 상식의 본래의 자리를 되찾는 것은 지성의 세계에서 너무나 중요한 일이 아닌가 싶다.

청파교회에서 시무하는 저자의 책을 평하는 것이 이번으로 열 세 번째이다. 이미 평자의 졸저인 『시골 목사의 행복한 글 여행』(2016년)에 세 권의 책이 소개되었고 나머지는 두 번째의 책으로 출간을 준비하고 있다. 작년 연말에 도서출판 꽃자리에서 본 책이 출간되었음을 알고 구입해서 매번 그렇지만 저자의 글을 숙독하는 기쁨을 갖고 여행했다. 필자가 저자의 글에 관심을 갖는 것은 말장난인지는 모르겠지만 '정상의 정상화' 때문이다. 혹자는 저자를 좌편향된 사상을 갖고 있는 불온한 목사라고 혹평한다. 사람의 생각은 그 사람의 이성적 스펙트럼에 따라 얼마든지 다르기 때문에 그렇게 평가하는 사람들의 지적에 대하여 일일이 대응하고 싶지는 않다. 다만 이런 좋지 않은 시각으로 김기석 목사의 글을 보는 사람에 비해 내가 저자의 글을 긍정으

---

* 위의 책, 364-365.

로 바라보는 이유가 있다. 다시 강조하지만 지극히 정상적인 상식의 일들을 비정상적인 것으로 호도하여 단죄하는 오늘, 우리들의 시대에 저자는 오롯이 호도에도 위축되지 않고 가장 상식적인 것을 전하려는 노력을 글속에 담고 있기 때문이다. 저자는 본 책에서 이런 갈파를 했다.

사유의 출발은 돌이켜 생각함 곧 성찰이다. 사유란 지금까지 당연하게 생각하던 것에 의문부호를 붙이는 일로부터 시작됩니다. 사유는 그러니까 상투성을 거스르는 정신적 능력입니다(228).

왜 저자는 욥 읽기에 대한 추적 중에 이런 사족을 언급했을까? 아마도 전통적 욥 읽기에 길들여져 있는 대부분의 독자들이 욥이라는 인물을 떠올릴 때 상투적으로 인지하고 있는 선 이해가, 그는 의로운 자인데도 불구하고 고난을 받은 선한 자로, 그의 친구 세 명은 고발자로 고정화해서 읽는다는 점을 상기시키기 위해서였을 것이다. 하지만 저자는 이런 전통적인 욥 읽기에 대해 저항한다. 글을 시작하면서 저자는 다음 네 가지의 관점을 갖고 욥 읽기에 천착해 줄 것을 부탁하는데 필자는 이를 대단히 중요한 혜안으로 받았다.

니들이 욥을 알아!

① 하나님의 편에서 욥기에 들어있는 사태를 바라보지 말라.

경우에 따라 수구적인 성경 읽기에 길들여져 있는 자들은 저자의 이런 발상에 대하여 적극적으로 거부할 것 같다는 예상을 해 본다. 아마도 '관행'과 '전통' 이라는 담을 허물려는 저자를 곱지 않은 시선으로 볼 것이 뻔하기 때문이다. 그러나 학자적인 올바른 양심과 진보적인 앎을 위해서 두려워하거나 멈칫하지 말아야 하는 것이 있다면 공식이 아닌 역설의 진리에 도전해 보는 것이다. 욥을 읽으면서 항상 고민되던 것은 사람의 삶의 궤적과 올바른 상식을 벗어나는 하나님의 행위들이었다.

많은 사람들에게 개인의 이름보다 고 옥한흠 목사의 장자로 더 알려진 옥성호가 쓴『갑각류 크리스천(블랙편)』에서 보면 그가 욥기에 대하여 품고 있는 서릿발 같은 한(限)이 기록되어 있음을 만나게 된다. 그는 욥기라는 책에 등장하는 욥이라는 인물이 역사적 인물이 아니라 성서 기자 중 한 명이 만들어낸 상상의 인물이었으면 좋겠다는 심정을 피력함으로 욥기에 대한 불편한 심정을 에두르며 욥기에 나타난 하나님에 대하여 심히 못마땅히 여기는 반항의 심리를 여지없이 드러낸다. 그가 왜 욥기를 기피하고 싶어 하는가? 이성의 잣대를 들이대면 이해하지 못할 것도 없다. 평범하게 살아가는 한 사람에게 사탄을 통한 고난을 허락하신 하나님의 선택은 매우 유감스러운 결정이라고 보았기 때문이다. 하나님은 욥의 신앙을 믿었기 때문에 그리하셨다고 매우 단순하게 생각할 수 있겠지만 욥의 입장에서 볼 때는 죄 없는 10명의 자녀가 졸지에 떼죽음을 당하는 부모가 느낄 수 있는 최고의 슬픔을 당했다. 이 일 이후 아내는 지지자가 아닌 매몰찬 저주자가 되어 욥을 공격하고, 본인은 육체의 심각한 질병으로 고통을 당했다. 훗날 욥이 신앙으로 이 모든 고난을 극복하였다고 술회한 욥기 기자의 에필로그의 글은 위로가 아니라 더욱 분노를 자아내는 글이라고 폄훼할 정도로 평가절하했다. 하나님이 고난을 믿음으로 승화한 욥을 축복하셔서 다시 주신 10남매, 갑절이나 늘어난 소유물들의 열거, 특히 딸들은 근동에서 가장 아름다운 용모를 지녔다는 후기는 하나님을 더 이해하지 못하게 하는 심각한 자괴감을 주는 대목이었다고 옥성호는 지적했다. 왜? 자녀들을 잃어버린 아픔이 그런 것으로 보상이 되는 것인지, 성경 말씀에 저항하지 않을 수 없었기 때문이다. 그리고 그는 성경에 들어 있는 책이니까 마지못해 이렇게 갈무리했다.

욥의 복은 욥의 복일뿐!*

난 이 지적이 이렇게 들린다. "니들이 욥을 알아!" 허접하지만 이런 공격을 받고 그냥 있기가 목사로서 자존심이 상한다. 그래서 뭔가를 말해야 한다는 의무감이 든다. 객기일까? 이렇게 연관을 시켜보면 어떨까? 옥성호 집사가 갖고 있는 욥에 대한 불온한(?) 질문을 김기석이 답하다. 뭐, 완벽한 그림은 아니더라도 나름 식상하고 상투적인 답보다는 훨씬 괜찮아 보이는 걸게 그림이다.

② 욥의 말보다 친구들의 말이 더 은혜롭게 들리는 것을 신선함으로 바라 보라. 왜? 친구들의 변론이 다 그른 것이 아니기 때문이다.

글을 읽는 지성인들이 가져야 하는 태도 중에 하나는 비주류에 관심을 갖는 일이다. 항상 주인공에게 모든 시선이 집중되어야 하는 것은 상투성이다. 상투성은 타협의 주체가 아니다. 물리쳐야 할 객체이

---

* 옥성호, 『갑각류 크리스천(블랙편)』(서울: 테트리토스, 2013), 109.

다. 오히려 지성적 그리스도인들이라면 주류가 아닌 비주류의 궤적에 몰입해야 한다. 몇 년 전, 차정식 교수가 쓴『거꾸로 읽는 신약성경』을 접하면서 아주 통쾌해 했던 기억이 있다. 전통적인 해석 말고는 다른 것이 용납되지 않는 분위기에서 신약성경의 고루한 해석의 담론들을 뒤집어 해석한 차 교수의 글들은 주류적 해석에 반기를 든 것이었다. 도리어 텍스트에 담긴 비주류적인 내용들을 추적한 끝에 얻어낸 신선한 은혜(?)들이었다. 예를 들어 로마서 13장 1-7절은 상당히 곤혹스런 본문인데 그는 "위에 있는 권세들에게 복종하라"라는 로마서 13장 1절의 '엑수시아이'의 해석에 이렇게 접근했다.

> 바울의 복음이 로마 황제를 '왕'과 '주'로 숭배하길 강요하던 당시의 시대적 분위기에서 그러한 이념에 대치되는 그리스도의 왕권과 주권임을 강조한 것이다.*

텍스트에 대한 접근을 주류적 판단이 아닌 전적인 비주류적인 판단으로 해석했기에 이런 설명이 가능했을 것이다. 욥기에서 욥은 자의든 타의든 주류요 메인이었다. 이에 반해 그의 세 친구는 물론 엘리후는 비주류이다. 이런 이유로 독자들은 항상 욥을 지지한다. 그의 친구들이 틀리기를 심정적으로 바란다. 야곱은 언제나 정답이고, 에서는 무엇을 해도 틀렸다고 이미 판단한다. 이삭과 사라는 정통이고, 이스마엘과 하갈은 비정통이라고 판가름을 한다. 필자는 하갈을 볼 때마다 지지하고 싶어진다. 인권이 유린되던 시절, 주인집의 씨받이 역할을

---

* 차정식,『거꾸로 읽는 신약성경』(서울: 포이에마, 2015), 216.

한 죄 밖에는 없는 그녀가 당해야 했던 고통에 대하여 하나님 외에는 누구도 호의를 갖거나 동정하지 않으려는 이런 폭력이 또 어디에 있는가? 저자는 욥만을 두둔하지 않는다. 그의 친구들이 선언하고 주장한 내용들의 알짜미를 동시에 주목한다. 이것이 지성적 그리스도인들의 성경 읽기이기를 바란다.

③ 욥이 당하는 고난을 의인이 당하는 고난이라고 못 박지 말라. 그 이유는 그렇게 못 박으면 성경 텍스트가 주는 다양한 함의를 용납하지 못하는 편협함으로 흐를 수 있기 때문이다.

140,000명이 사는 작은 도시에 대형 화재가 발생했다. 아까운 생명 29명이 목숨을 잃었다. 그중에는 목회자도 있었고, 연말을 맞아 밥차 봉사를 하고 귀가하던 성도들도 있었다. 그들은 모두가 하나님의 귀한 사역자요 동역자들이었다. 그런 그들이 화마에 희생을 당했다. 이럴 때마다 등장하는 신정론은 사람을 당황하게 한다. 이들에게 의인이 당하는 고난을 당했다고 말하는 것은 질 나쁜 폭력이다. 오히려 이해할 수 없는 고난이라고 말하는 것이 정직하다. 욥이 당하는 고난을 의인이 당하는 고난이라고 못 박지 말라는 저자의 말에 그래서 동의한다.

④ 욥을 우리의 삶과 동떨어진 과거의 인물로 규정하지 말아야 하는데 그 이유 역시 오늘의 현장에도 욥은 지천에 있기 때문이다.

필자가 욥에게서 느끼는 공감의 분모가 있다. 이해할 수 없는 고난

을 허락한 하나님께 대한 항의이다. 욥기를 읽을 때마다 소위 은혜파
(?)들이 매번 밥상에 올리는 주 메뉴처럼 인용하는 구절이 있다.

> 이르되 내가 모태에서 알몸으로 나왔사온즉 또한 알몸이 그리로 돌아
> 가올지라 주신 이도 여호와시요 거두신 이도 여호와시오니 여호와의
> 이름이 찬송을 받으실지니이다 하고*

이 구절로 인하여 욥은 믿음의 사람, 은혜의 사람, 일반 범인들은 범접
할 수 없는 신령함을 갖고 있는 존재로 낙점한다. 그러나 욥은 욥기를
시작하는 첫 장에서 언급한 전술의 구절로 인해 무조건 은혜로 자신
의 고난을 덮는 자로 착각해서는 안 된다. 욥기 3장에서 드린 토설기
도를 시작으로 친구들과의 서슬이 시퍼런 논쟁에서 한 발자국도 뒤로
물러서지 않는 고집까지 포함하여 40장에서 가장 치열한 하나님을 향
한 반전의 모습을 보인 욥의 영적 상태는 아슬아슬하기까지 하다. 특
히 40장부터 열거되어 있는 욥이 벌이는 하나님과의 논쟁을 살펴보면
그가 정말로 욥기 1장 21절에서 보여준 위대한 신앙을 고백한 당사자
인가를 의심하게 할 정도의 대담한 항의가 들어있다. 하나님께서 말
하라고 다그치심에 나는 더 이상 하나님과는 대화하지 않겠다는 장면
은 하나님을 향한 맞장 뜸처럼 여겨질 정도로 비장하다.**

어떤 이는 이를 가리켜 욥의 불신앙, 욥의 교만함, 욥의 타락 등등

---

* 욥기 1:21, 개역개정판.
** 욥기 40:3-5. "욥이 여호와께 대답하여 이르되 보소서 나는 비천하오니 무엇이라 주께
  대답하리이까 손으로 내 입을 가릴 뿐이로소이다 내가 한 번 말하였사온즉 다시는 더
  대답하지 아니하겠나이다."

으로 해석할 수 있으리라. 그러나 필자는 그 반대이다. 도리어 욥을 응원하고 싶다. 욥의 항변은 충분한 설득력이 있어 보인다. 그래서 하나님에게조차도 물러서지 않고 욥이 갖고 있는 생각을 바꾸도록 집요하게 설명하고 있지 않은가! 필자가 욥 편에 선 이유가 욥을 향한 하나님의 설득이 강제이고 압박이라고 생각했기 때문이고 그래서 하나님을 힐난하는 것이 아니다. 가재는 게 편이라고 욥이 하나님에게 이겼으면 좋겠다는 불순한 생각을 가진 것은 더더욱 아니다. 다만 필자는 욥이 정직해 보여서이다. 당연히 주군이신 하나님께 항의할 만한 대목을 항의했다는 정당성을 신앙이라는 미명 아래로 파묻고 싶지 않아서이다. 왜? 나도 욥과 같기 때문이다.

저자는 바로 이 점을 『아, 욥!』에서 다룬다. 그래서 저자의 글 토설이 마치 욥의 토설처럼 들린 것은 어쩔 수 없는 인간끼리의 연합이다. 중요한 것은 이런 연대가 천박하지 않음은 물론 도리어 이 질문과 치열한 답 도출의 과정이 하나님과의 깊은 교제를 더 깊게 한다는 감동이 밀려왔다.

응원만 하지 않는다

저자의 서언을 중심으로 그가 말하고자 했던 욥의 이야기를 개괄했다. 글을 쓰다 보니 왠지 독자들에게 속이 들여다보이는 것 같은 천편일률적인 김기석 목사 지지의 글로 비쳐진 것 같아 양심고백을 하고 싶어졌다.

저자의 글을 읽다보면 필자의 얼굴을 찡그리게 하는 면이 없지 않다. 예를 들자면 손석춘 선생과 함께 나눈 편지 대담 글인 『기자와 목사의 두 바보 이야기』(2012년)를 북 리뷰하다가 한 동안 책을 의도적으로 덮었던 경험이다. 너무 주지주의(主知主義)적 냄새가 물씬 풍기는 이유 때문이었다. 조금 더 나아가 혹 이들이 지성의 자리로 복음의 자리를 넘보는 것은 아닐까 하는 아슬아슬함 때문에 저자를 경계했던 적이 있다. 그도 그럴 것이 웬만한 독자들은 기자와 목사가 나눈 시대의 담론들이 남의 나라 이야기처럼 느낄 정도로 지적 메타포들이 동원되고, 너무 진보적인 고집으로 보이는 말잔치, 혹은 지성의 현란한 열거 등이 지천에 깔려 있었기 때문이다. 『마태와 함께 예수를 따라』(2016년)에서는 성서 텍스트에 대한 해석보다는 콘텍스트에 대한 해석이 너무 강해 혹자들로 하여금 인문사회학 강좌 교과서로 비쳐 질 것 대한 우려를 비판했던 적이 있다. 더불어 저자의 초기 작품들에 비해 후기 작품에는 인용한 글들의 재인용이 많아지고 있는 것에 대해서도 보기 좋은 그림이 아님을 필자는 또 다른 기고에서 언급하며 비판했다. 그럼에도 불구하고 필자가 저자의 글들을 놓치지 않고 읽으며 서평을 남기는 이유는 저자의 글은 너무 극단적 보수적 행태로 변질되어 천박해진 일부 한국교회의 목회자와 성도들에게 그리스도인들이 갖추어야 할 균형적 지성과 영성과 감성에 대하여 한 가르침을 주고 있는 몇 안 되는 책들이기 때문이다.

필자는 저자의 글을 읽으면서 성경 텍스트에 대한 스펙트럼을 면밀히 검토하는 편이다. 아마도 그것이 목회자인 필자에게 가장 중요한 기독교적 글 씀을 위한 내공을 쌓는 공부라고 생각했고, 혹 시골에서 목회하는 촌스러운 사람이 책을 출간했을 때 독자들을 실망시키지 않는 예의라고 생각하기 때문이다. 이것을 전제하면서 또 하나 필자가 주목하는 것은 그가 소개한 2차적 자료(The secondary sources)들이다. 물론 그가 제시한 이 자료들은 내공이 있는 독서력을 갖추지 않으면 이해하기 어려운 도서목록들이다. 나는 독서를 하면서 두 명의 은사를 두고 있다. 한 분은 유명을 달리한 법정 스님이고, 다른 한 사람은 저자이다. 법정이 읽고 간 그의 책들은 어느 날부터 나의 필독도서가 되어 나를 정말 행복하게 했다. 체신 머리 없게 개신교 목사가 불교의 중 따위가 읽은 책에 열광한다고 책잡아도 상관없다. 법정은 나에게 독서 스승이기 때문이다. 미안하다. 법정이 열독한 책들을 읽어보지 않은 분들이라면 읽기 전에 그를 폄훼하지 말라. 건방진 일이기 때문이다. 더불어 김기석 목사가 쓴 책들을 통해 소개한 글들 중에 상당수는 필자도 신학교 시절부터 꽤 관심이 있어 섭렵한 책들이라는 공통분모가 있어 어떤 때는 쾌재를 부르지만, 저자가 소개하고 있는 동·서양을 넘나드는 이모저모의 책들을 보면 부끄럽기에 아직도 배가 고프다.

개인적으로 저자의 이전 책들을 서평 한 졸작을 보고 어떤 이는 이렇게까지 세밀한 평을 본 적이 없다고 긍정의 변을 해 준 독자들이 있는가 하면, 평 자체가 너무 세부적이어서 집중하기가 쉽지 않았다고 아쉬움을 담아 부정적으로 변을 해준 독자들도 있었다. 주눅이 들어서였을까? 『아! 욥』은 서평의 기록을 남기면서 장별 세부적 평(chapter by chapter)은 약했다. 다만 저자의 글 맥에 대한 소회만을 남겼다. 하지만 항상 저자의 글을 만날 때마다 공통적으로 느끼는 감동의 소회는 그가 필자와 같은 목회 현장에서 체휼된, 죽은 글이 아닌 산 글을 기록했다는 것이고 난 그 글을 읽었다는 것이다. 그래서 또 그랬나 보다. 저자가 책 말미에 기록한 통상적으로 욥이 회복된 42장의 글 해석의 한 대목이 평자의 가슴에 불을 질러 놓은 것을 보면 말이다.

삶의 무게를 담지 못한 신학적 담론은 허망하다. 인간의 피눈물을 거치지 않은 신학적 언어는 폭력이 될 수도 있습니다(418).

또 한 번 양질의 책을 내놓은 저자와 좋은 책을 출간해 준 꽃자리의 한종호 대표에게 감사의 뜻을 독자의 한 사람으로 전한다.

내가 부담이라고?
난 너희들이 부담이다

『끙끙 앓는 하나님』(2017년)을 읽고

내가 이러려고 목사가 된 게 아닌데!

목사로 사는 것이 오늘처럼 비극인 시대가 또 있을까 할 정도로 비루하다. 신문 지상과 여론에서 들추어내는 목사의 속살은 더 이상 벗길 것이 없을 정도로 새까만 때로 둔덕져 있다. 때를 벗기고 또 벗기면 이제는 더 이상 벗길 것이 없는 맨들맨들한 속살이 나올 만도 한데 실상은 그렇지 않다. 끝이 어디인가를 모를 정도로 추락하고 있는 것이 오늘 목사의 자화상이다. 그래서일까! 목사로 살아야 하는 현장을 떠나 있으면 호흡을 제대로 할 수 있는 심호흡이 가능하니 이런 아이러니가 어디에 있고, 이런 참담함이 어디에 있단 말인가! 내가 이러려고 목사가 된 것이 아닌데 자괴감이 있다는 페러디를 SNS상에 올려놓았다가 치도곤을 당했던 기억이 불과 얼마 전이다. 그래서 이제는 글쓰기도 두렵다. 그렇다고 목사라는 신분을 숨기지도 못하겠고…. 이래 저래 곤혹스럽다.

한 영혼 때문에 한없이 울었다. 너무나 많이. 섬기고 있는 교회에 한 자매가 있다. 1년 전, 방광암이 발병하여 치열하게 투병했는데, 그럼에도 이제 그녀의 호흡이 서서히 꺼지고 있기 때문이다. 상식이 있는 목사라면 누구든지 그러겠지만 믿음의 실상으로 달려간 지난 1년 동안, 그녀와 함께하며 단 한 번도 의심하지 않고 주군께 엎드린 제목은 기적적인 회복이었다. 죽음이라는 단어를 떠올려 본 적이 없다. 왜 그렇게 했을까? 제일 먼저는 섬기는 지체를 잃고 싶지 않은 목사의 욕심(?)인 것을 부인할 수 없다. 그러나 또 하나, 목사로서의 직업의식이라고 할까! 자매를 놓치면 하나님의 권위가 실추될 것이라는 염려도 작용한 것 같다. 세간에서 흔히 하는 말처럼 도대체 너희 하나님이 어디에 있는가에 대한 비아냥거림이 듣기 싫어서 일 테다. 그런데도 현실은 자매를 잃어야 할 것 같다. 하나님, 참 치사하다. 그렇게 절규했건만 결국은 데려가실 것 같으니 말이다. 예레미야를 읽을 때마다 필자는 20장 9절을 절절하게 떠올린다.

내가 다시는 여호와를 선포하지 아니하며 그의 이름으로 말하지 아니하리라 하면 나의 마음이 불붙는 것 같아서 골수에 사무치니 답답하여 견딜 수 없나이다.

언젠가 한세대에서 강의하고 있는 친구가 이 구절을 가지고 필자가 섬기는 교회에서 말씀사경회를 인도하면서 '흔들림의 영성'이라는 제하로 강의했던 기억이 있다. 친구는 예레미야의 이 구절의 정황을 도리어 긍정으로 변역하려고 했기 때문이다. 이해하지 못하는 것은 아니지만 예레미야 20장의 시대적, 현장적인 상황을 놓고 볼 때 친구의 해석은 과유불급처럼 보였다.

흔들림의 영성

성전의 총감독이었던 당시 최고의 실력자인 바스훌이 예레미야를 구금하고 린치하는 폭력을 가했다. 더불어 조선시대 역모를 꾀하던 자들을 저잣거리 중에서 사람들이 가장 많이 지나다니는 길목에 참수한 머리를 걸어놓아 경종을 울린 것처럼, 예레미야를 베냐민 문 위층에 묶어 두어 사람들에게 수모를 준 뒤 방면한 기록을 예레미야서 기자는 기록한다. 이런 무시무시한 위협과 공포를 경험했던 나약한 인간인 예레미야에게 왜 자괴감이 없었겠는가! 예언자는 이 수모를 경험한 뒤에 20장 7절에서 대단히 민감했던 자신의 심리적 상태를 여과 없이 토로한다. 이 토로는 다름 아닌 하나님을 향한 고발의 성격이었다.

여호와여 주께서 나를 권유하시므로 내가 그 권유를 받았사오며 주께서 나보다 강하사 이기셨으므로 내가 조롱거리가 되니 사람마다 종일토록 나를 조롱하나이다

저자는 이 구절을 설명한 글에서 아주 명쾌한 웃픈 해석을 남겼는데 탁월하다.

'권유하셨다'와 '이기셨다'는 표현은 지나칠 정도의 순화시킨 번역이

다. '권유하셨다'고 번역한 '파타하'는 성경에서 여자에게 결혼 전에 성행위를 승낙하도록 설득, 유도하는 것을 의미한다. 그리고 '이기셨다'고 번역된 '하자크'는 여자에게 혼외정사를 강요하는 것으로서, 그녀의 의사에 반하여 이루어지는 것을 뜻할 때 사용된다(224).

이와 유사한 해석을 처음 만난 것은 아니다. 훨씬 전, 차준희 교수가 『예레미야 다시 보기』에서 이 구절을 다음과 같이 해석했는데 저자와 동선을 같이 하고 있다는 점에서 주목했었기 때문이다.

'파타하'는 '유혹' 또는 '후리기'(남의 것을 갑자기 빼앗거나 슬쩍 가지다)를 뜻하고, '하자크'는 '강간'을 뜻한다. 이 두 단어가 나란히 사용되고 있는 것은 하나님과 인간관계가 지니고 있는 복잡성을 여실히 보여준다. 즉 그것은 '유혹의 달콤함'과 '강간의 난폭함'을 나타낸다.*

저자는 예레미야가 당한 고통을 감내하며 그가 얼마나 힘든 과정을 보내고 있는지에 대하여 예언자가 직접 된 것 같은 감정이입으로 하나님을 향한 예레미야의 대항에 적극적인 지지를 보내는 듯하다. 이어지는 구절이 그것을 증언한다.

내가 말할 때마다 외치며 파멸과 멸망을 선포하므로 여호와의 말씀으로 말미암아 내가 종일토록 치욕과 모욕거리가 됨이니이다(렘 20:8).

---

* 차준희, 『예레미야 다시보기』 (서울: 프리칭아카데미, 2009), 219.

필자도 아주 가끔은 예레미야의 심정을 동일하게 갖고 이렇게 하나님께 대들 때가 있다.

내가 어떤 마음으로 목회를 하는지 아세요? 내가 누구 때문에 이 고생과 수모를 당하며 목회 현장을 떠나지 않는지 아세요? 먹고 사는 문제라면 벌써 나는 이 현장을 떠났을 거예요. 하나님 때문에 못 떠나는 거예요. 뭘 아시기는 하시나요?

목회는 아무나 하나, 어느 누가 쉽다고 했나

목회가 너무 힘들고 어려운 막장까지 다다랐을 때, 하나님께 분풀이 하는 셈이다. 그런데 말이다. 그렇게 하나님께 분기탱천하여 대들고 난 뒤에 언제나 필자는 다시 눈물을 흘린다. 왜? 주님이 나를 그렇게 몰아세울 분이 아니며, 나의 상황을 너무나 잘 아셔서 언제나, 항상, 늘 곁에서 한 번도 떠나지 않으신 분임을 알기 때문이다. 예레미야, 그도 그랬다. 저자는 예레미야 20장 7-8절에서 대듦의 예레미야를 지지하지만 곧바로 예레미야 20장 9절*을 해석하면서 이렇게 살붙인다.

예레미야에게 달콤한 시간은 지나갔고 소태처럼 쓴 시간이 다가왔다. 대중들의 귀에 단 말을 했더라면 이런 괴로움은 없었을 것이다. '파멸'과 '멸망'을 예고하자 사람들은 벌떼처럼 일어나 그를 조롱하고 박해

---

* "내가 다시는 여호와를 선포하지 아니하며 그의 이름으로 말하지 아니하리라 하면 나의 마음이 불붙는 것 같아서 골수에 사무치니 답답하여 견딜 수 없나이다"

했다. 그래서 그는 다시는 여호와 이름으로 말하지 않겠다고 다짐한다. 여호와의 말로 인해 빚어진 현실이니 그 말을 더 이상 입에 담지 않으면 괴로움의 시간도 지나가지 않겠는가? 하지만 그는 입을 다물고 있을 수 없었다. 그의 마음이 불붙는 것 같아서 골수에 사무쳐 답답하여 견딜 수가 없기 때문이었다. 이것이 말씀에 사로잡힌 자의 운명이다. 예언자란 가슴에 불이 붙은 사람이다. 하나님의 마음에 사로잡힌 자는 외치지 않을 수 없다(225-226).

왜 나는 저자의 글에 끌릴까? 그와는 단 한 번 만난 것이 전부인 별로 친분이 없는 관계인데도 왜 난 그의 글에 감동을 받는 것일까? 성향이 비슷하기 때문인가? 그럴 수도 있다. 초록이 동색이라 하지 않는가? 그러나 그의 글에 매력을 느끼는 것은 아마도 예레미야의 외침이 그의 글 속에서 보이기 때문이 아닐까 하고 조심스럽게 진단할 때가 종종 있다. 그의 메시지에 미가와 아모스의 소리가 담보되어 있는 것 같아서이다.

위로인가, 은혜인가?

객담(客談)이다. 소문에 의하면 대한민국 교계에서 가장 따뜻한 메시지를 주는 대명사로 인식해도 괜찮을 성남의 모 대형교회를 담임하는 목사와 저자는 신학교 동기라고 한다. 그런데 같은 70년대 중·후반 즈음에 동문수학한 두 사람의 길이 참 다르다고 필자는 생각한다. 한 사람은 가장 안정적인 보수적 교회의 틀을 다지며 승승장구한 반면, 저자는 진보적 틀의 구조 안에서 비평적 성찰의 사역을 감당해 온, 그래서 경우에 따라 곱지 않은 시선을 받은 목회를 해 온 것을 인지한다. 가끔 필자도 성남에서 목회하는 그 목사의 설교를 텔레비전과 SNS상에서 자연스럽게 접할 때가 있다. 왜 그런지 모르겠지만 그의 설교를 만나면 채널을 돌리지 않는다. 끝까지 들어보려고 한다. 왜 많은 사람들이 그에게 열광하고 위로를 받는지 나도 한번 위로를 받고 싶어서일 것이다. 설교를 듣고 있노라면 그가 섬기는 교회에 다니는 신자들이 정말 좋겠다는 생각이 든다. 따뜻한 톤의 목소리, 온유한 마스크의 외모, 지성적인 외형과 더불어 감성적인 터치까지 선천적, 후천적 장점들을 고루 갖춘 정말로 괜찮은 목회자이기 때문이다. 그의 설교를 들을 때마다 이런 생각이 든다. '그렇구나. 바로 이것이었구나. 대도시에 있는 지성적인 신자들이 좋아하는 이유가 바로 이것이구나' 하는 동의 말이다. 그런데 말이다. 그 목사가 전하는 메시지로 논하자면 많은 사람들이 좋아하는 메시지라고 하지만 내가 평신도라면 난 그 교회에 나가지 않을 것 같다. 왜? 같은 목사로서 내가 그렇지 못한 것에 대한 시기일까? 그렇게 몰고 가면 할 수 없지만 그건 아니다. 그런데 왜? 이유는 간단하다. 난 그의 설교에 은혜를 받지 못하기 때문이다. 이건 분명하다. 위로는 받는 반면, 치열한 삶을 살아내는 그리스도인으로서의 살아냄의 은혜를 발견하지 못하기 때문이다. 이것은 만들어낼 수 없다. 그 삶의 굴곡 안에서 치열하게 살아왔던 스티그마(stigma)와 오늘도 지금 이 자리에서 그 스티그마를 지속적으로 새겨내는 삶을 살지 않는 자는 말을 통해 그것을 표현할 수 없다. 난 그것을 전술한 두 목회자의 설교에서 발견한다. 아마 이런 맥락 같다. 언젠가 이동원 목사의 설교를 평한 정용섭 박사의 말이다.

대다수의 신자들이 은혜를 받는 설교를 하면 됐지 당신 한 사람에게 은혜가 되지 않는다고 해서 그렇게 시비를 걸 필요는 없지 않은가? 옳은 지적이다. 이게 바로 내가 빠져 있는 딜레마이다. 그런데 한국교회에 가장 큰 영향을 준 한 사람이자 한국교회의 미래를 이끌어 갈 목회자 중에 한 사람인 이 목사의 설교에서 은혜를 받지 못한다는 이 딜레마에서 내가 벗어날 길은 없어 보인다.[*]

이동원 목사는 설교의 교과서이다. 그래서 많은 신학도들은 그의 설교를 듣기도 하고 모델링하기도 해야 한다. 그런데 이상하다. 설교의 교과서인 그에게서 난 은혜를 받지 못한다.

나도 안다. 정 박사의 평이 너무 주관적이라는 것을. 그런데 그 주관은 도무지 바뀌지 않는다. 어쩔 수 없다. 그래서 난 정 박사의 일갈을 이해한다.

읽으면서 화가 나 땡(?)긴다

저자의 글을 읽다보면 화가 날 때가 있다. 나보다 뛰어난 지성적 능력 때문이다. 그는 물론 필자보다는 선배이다. 하지만 선배라는 것이 내가 그에게 뒤떨어져 있다는 것을 자위하게 하지는 못한다. 필자

---

[*] 정용섭, 『설교와 선동 사이에서』 (서울: 대한기독교서회, 2007), 132. 정 박사는 이 목사의 설교에 은혜를 받지 못하는 원인을 다섯 가지로 설명했다. ① 사대주의적 설교 ② 반북, 친미 일색의 편협적인 설교 ③ 주류의 근간에 서 있는 해석학의 한계 ④ 규범론자의 한계 ⑤ 설교의 추상성.

역시, 책을 손에 들고 있지 않으면 금단 현상이 나타날 정도도 책 읽기를 좋아하지만 선배를 따라잡기가 쉽지 않다. 그래서 화가 나지만 한편으로 아주 좋다. 너무 단세포적인가? 따라잡아야 할 대상이 있다는 고백이. 또 하나가 있다. 난 그의 설교에서 은혜를 받는다는 점이다. 그가 섬기고 있는 교회는 큰 교회가 아니다. 경우에 따라서는 '이렇게 이름이 알려져 있는 목사가 섬기고 있는 교회인데 웬일이지?' 할 정도로 평범하다. 인터넷 홈페이지에 링크되는 그의 설교 원문과 그의 칼럼은 나에게는 자양분이다. 먹을 양식이 되기 때문이다. 그의 글 올리기는 그래서 나에게는 감사의 조건이다. 정말 저자는 읽을거리를 주는 좋은 사람이다. 일본 지성의 대가로 자리 잡은 다치바나 다카시는 이렇게 직설한 적이 있다.

> 책에 쓰여 있다고 무엇이건 다 믿지는 말라. 자신이 직접 손에 들고 확인할 때까지 다른 사람의 말을 믿지 말라. 이 책도 포함하여.[*]

대단한 직설이며 자신감이지 않은가? 읽을거리를 주는 책이 얼마나 대단한가? 필자는 김기석의 책을 읽을 때마다 이상하게도 믿게 된다. 그것은 그를 추종하는 맹목 때문이 아니라 그의 글속에 담겨 있는 지난함 때문이다. 진정성 때문이다. 영혼의 두레박으로 건져 올리는 깊은 샘을 맛보기 때문이다.

오래 전, 김근주 교수의 『예레미야 특강』을 읽었을 때 진보적인 예언자의 설파를 배웠다. 하지만 목사로서 느끼는 아쉬움은 그의 주석

---

[*] 다치바나 다카시, 『나는 이런 책을 읽어왔다』, 286.

적 특강이 매력적이었지만 어느 한편으로는 목양의 지형을 너무 무시한 해석이 아닌가 싶은 소회였다. 차준희 교수의『예레미야 다시보기』도 접했다. 그에게서 나름 목양의 현장을 생각하고 배려해 준 균형의 주석적 성찰을 배웠다. 그의 글을 통해서 주석적, 학문적인 예레미야 공부에 상당한 도움을 받은 것은 사실이지만 그의 주석적 연구들이 치열한 목양의 현장에서 본문 설교로 전환하는 작업을 하기에는 2% 부족함을 느꼈다. 반면, 저자의 본 책은 주석적 해제가 빈약하지 않은 신학적 내공과 더불어 수록된 17편의 메시지가 —앞 선 두 학자들은 신학적 풍요로움이 넘쳐남에도 불구하고— 현장 목사만이 느끼는 아쉬움을 달래주는 통찰을 준다. 허전함을 채워주는 공급의 역할을 해 주어 독서하는 내내 행복했다.

저자의 책에 대한 평은 이 정도로 약한다. 실질적인 도전은 책 속에 무궁무진하게 담겨 있는 그의 신학적, 목회적인 고민을 직접 만날 때가 가능하기에 독자들에게 이 행복의 미끼를 던지는 것으로 평을 마친다.

저자의 글은 필자는 물론, 많은 이가 함께 나누도록 강추하고 싶은 글이다. 필자는 누구를 칭찬하는 데 인색한 편이다. 그래서 저자를 이렇게 표현하는 것도 무척이나 어색하다. 그러나 그의 글은 함께 읽고 싶은 책이다. 같은 하늘에서 읽을거리를 계속해서 주고 있는 저자가 건강하기를 소망해 본다.

나 가 는 말

지난 12월 21일, 제천에 있는 스포츠 복합 센터에서 믿기지 않는 대형 화재가 일어나 29명의 아까운 사람들이 목숨을 잃었다. 제천이라는 소도시는 인구가 140,000명 정도이기에 이번 참사로 목숨을 잃은 사람들의 면면을 살피면 한 집, 두 집 걸러 다 아는 지인들이다. 이런 관계로 대도시에서 당하는 아픔과는 비교될 수 없을 정도의 충격이 고스란히 남게 되었다. 국가적으로 일어난 일체의 참사들을 보면 거의 대부분이 인재이듯 이번 화재 사건도 결국은 난마처럼 복잡하게 얽혀 있는 손해 보지 않으려는 인간들의 욕심이 잉태한 인재였다.

사회학자들은 다각도로 분석한 자료들을 내놓는다. 이번 참사의 원인은 이런저런 이유이기에 이번에 이런저런 이유들을 손보면 한결 좋은 결과를 낳게 될 것이라고. 정신의학자들과 심리학자들은 말한다. 이번에 어려움을 당한 가족들은 물론 기적처럼 살아남게 된 자들이 겪어야 하는 외상성 스트레스 증후군이 매우 심각할 것이기에 그들에 대한 심리적, 의학적 치료를 병행해야 할 것이라고. 물론이다. 또 다른 아픔들을 똑같이 경험하지 않도록 하기 위해서는 국가와 사회가 할 수 있는 최선을 다해야 하는 것은 재론의 여지가 없다.

그러나 필자와 같은 목회자가 보는 관점은 한 가지를 덧붙이고 싶은 마음이 간절하다. 사람들이 죽어가는 재해와 고통의 터널에서 빠져나오는 것은 조직과 구조와 인위적 체계의 변환만이 아닌 공동체적인 영성의 회복이 이루어질 때 가능하다고 말이다.

'공동체적인 영성의 회복.'

이게 도대체 가당키나 한 논리인가를 내세우며 평가절하하는 독자들도 상당수가 될 것이라고 짐작해 본다. 개인의 영성 변화도 힘든 판국에 어떻게 공동체적인 영성을 운운하느냐고 비판할 수 있다고 본다. 그러나 이런 비판의 목소리를 들어도 필자는 이 대목에서는 고집을 피워야 할 것 같다. 이유는 공동체적인 영성의 회복은 거창한 것이 아니기 때문이다.

오늘, 이 책을 읽고 있는 독자나 글을 쓴 필자가 살아가고 있는 시대에 공동체가 영성을 회복하는 방법은 사람들의 손에 책을 쥐어주는 일이다. 독서를 하는 공동체는 필연적으로 갖게 되는 긍정의 결과물이 있다. 결코 천박해지지 않는다는 것이다. 동시에 반드시 이타적인 사고로 전이하게 되는 보너스가 주어진다.

『산둥수용소』의 저자 랭던 킬키 박사는 그가 경험한 수용소에서의 생활을 바탕으로 깨달은 한 가지 중요한 사실을 전해주고 있다.

> 인간의 도덕성과 비도덕성은 우리 생명의 가장 심오한 영적 중심으로부터 나옵니다. 이러한 가장 깊은 중심을 폴 틸리히는 우리가 잘 아는 '궁극적 관심'이라고 불렀습니다(랭던 킬키, 『산둥수용소』, 429).

킬키 박사의 말대로 인간이 가지고 있는 일체의 모든 정서적 성향들은 영적 중심의 위치에 따라 달라진다는 이론을 수용한다면 영적 중심의 회복이야 말로 우리가 발 딛고 있는 이 땅을 희망이 있는 터로 바꾸는 가장 본질적인 방법이 되지 않을까 싶다. 영적 중심의 변화란 개인에게도, 공동체에게도 이 세대를 본받지 않고 하나님의 선하시고 기뻐하시고 온전하게 하시는 뜻을 분별하게 도와주는 요소임에 틀림이 없다. 이것을 알고 믿기에 영적 변화의 모드를 체감하는 공동체가 되도록 노력하는 것은 오늘 너와 나에게 하나님께서 맡기신 공동의 책임이기도 하다. 이 일이 어마어마한 일이기는 하지만 무모하게 덤벼드는 이유는 그 책임을 지는 것이 거창한 그 무언가가 아닌 공동체의 구성원들에게 책을 읽도록 하는 일임을 직시하기 때문이다.

다시 강조하지만 목사로서 느끼는 최고의 감동은 책 안에 공동체의 영성 회복을 위한 방법론이 있다는 것을 날마다 느끼는 것이다. 그러기에 책 읽기는 교양 선택이 아니라 전공 필수여야 한다.

존경하는 목회 선배 그리고 지성을 토대로 영성 쌓기를 소홀히 여기지 않으려는 삶의 선배를 따라가는 길은 쉽지 않았다. 때론 무게감에 짓눌렸기 때문이요, 또 때론 지성의 버거움으로 인해 따라가느라 헉헉 댔기 때문이다. 그러나 아무리 그래도 선배를 따라잡고, 선배를 뚫어보는 일을 소홀히 여기지 않으려고 했던 이유는 그가 말한 일성(一聲)에서 전술한 공동체적인 영성 회복의 사자후를 들을 수 있었기 때문이다. 종이호랑이가 되어 버린 한국교회, 노쇠한 거대한 공룡과도 같은 쓰러지기 직전의 나의 사랑하는 조국 교회를 섬기는 하나님의 사람들마다 손에 책이 들려지기를 꿈꿔본다. 그래서 그 책 안에 기록된, 독자를 전율하게 하는 촌철살인들로 인해 천박했던 자아들이 공감의 지성들로 바뀌어 다시금 대한민국 교회공동체의 영성의 삶을 살아내는 동반자들이 많이 일어나기 바란다. 또 사탄의 권세들로 인해 짓눌려 있는 이 땅 영혼들의 심장을 뒤흔들어 한국교회를 회복시키는 그리스도 예수의 사람들이 일어서기를 앙망해 본다.

함께 본 책들

추천도서 목록

1. 김진. 『간디와의 대화』. 서울: 스타북스, 2015.

2. 조헌. 『올림』. 서울: 휴, 2014.

3. 로빈 마이어스/김준우 옮김. 『예수를 교회로부터 구출하라』. 서울: 한국기독교연구소, 2012.

4. 아이든 토저/이용복 옮김. 『세상과 충돌하라』. 서울: 규장, 2011.

5. 폴 쉴링/조만 옮김. 『무신론 시대의 하나님』. 서울: 현대 사상사, 1982.

6. 이성복. 『무한화서』. 서울: 문학과 지성사, 2015.

7. 한병철/김태환 옮김. 『심리 정치』. 서울: 문학과 지성사, 2015.

8. 종교 교재 편찬 위원회 엮음. 『성서와 기독교』. 서울: 연세대학교 출판부, 1988.

9. 월터 브루그만/박규태 옮김. 『안식일은 저항이다』. 서울: 복 있는 사람, 2015.

10. 김영봉. 『사귐의 기도』. 서울: IVP, 2007.

11. 엘리 위젤/배현나 옮김. 『팔티엘의 비망록』. 서울: 도서출판 주우, 1981.

12. 이강덕. "차라리 이럴 바엔 헤어지자", 바른 교회 아카데미 저널 「좋은 교회」 6월호, 2016.

13. 하진/김연수 옮김. 『기다림』. 도서출판 시공사, 2013.

14. 니콜라스 카/최지향 옮김. 『생각하지 않은 사람들』. 서울: 정림 출판, 2014.

15. 장대익 · 신재식 · 김윤성 함께 씀, 『종교전쟁』. 서울: 사이언스북, 2014.

16. 프리모 레비/이현경 옮김. 『이것이 인간인가』. 서울: 돌베개, 2015.

17. 정용섭, 『속 빈 설교, 꽉 찬 설교』. 서울: 대한기독교서회, 2006.

18. 게리 하우스 · 빅터 부트로스 함께 씀, 『폭력 국가』. 서울: 엘로브릭, 2015,

19. 이해인. 『민들레 영토』. 서울: 가톨릭출판사, 1984.

20. 헨리 나우웬/피현희 옮김. 『예수님을 생각나게 하는 사람』. 서울: 두란노, 1999,

21. 김웅교. 『곁으로』. 서울: 새물결 플러스, 2015.

22. 정경일. "불안의 안개와 사회적 영성". (2015 맑스코뮤날레 발표 원고에서)

23. 리처드 백스터/스데반 황 옮김. 『성도의 영원한 안식』. 서울: 평단 아가페, 2011.

24. 데이빗 플랫/최종훈 옮김. 『래디컬』. 서울: 두란노, 2012.

25. 달라스 윌라드/윤종석 옮김. 『마음의 혁신』. 서울: 복 있는 사람, 2011.

26. 옥한흠. 『교회는 이긴다.(1)』. 서울: 국제제자훈련원, 2012.

27. 김영봉.『사귐의 기도』. 서울: IVP, 2012.

28. 진중권 외 7명 함께 씀/정희진 엮음.『자존심』. 서울: 한겨레출판, 2013.

29. 신준환.『다시, 나무를 보다』. 서울: RHK, 2015.

30. 니코스 카잔차키스/이윤기 옮김.『그리스인 조르바』. 서울: 열린 책들, 2009.

31. 마이클 호튼/김재영 옮김.『세상의 포로 된 교회』. 서울: 부흥과 개혁사, 2007.

32. 강상중/노수경 옮김.『악의 시대를 건너는 힘』. 서울: 사계절, 2015.

33. 로이드 R. 니브저/차준희 옮김.『구약의 성령론』. 서울: 새물결플러스, 2017.

34. 윤상현 · 김준형 함께 씀,『언어의 배반』. 서울: 뜨인돌, 2013.

35. 랭던 킬키/이선숙 옮김.『산둥 수용소』. 서울: 새물결플러스, 2013.

36. 리 호이나키/김종철 옮김.『정의의 길로 비틀거리며 가다』. 서울: 녹색평론사, 2011.

37. 김영봉.『팔레스타인을 가다』. 서울: IVP, 2014.

38. 박노해.『사람만이 희망이다』. 서울: 느린 걸음, 2011.

39. 브라이언 채플/김진선 옮김.『불의한 시대, 순결한 정의』. 서울: 성서유니온, 2014.

40. 그레고리 K. 비일/김재영 · 성기문 함께 옮김.『예배자인가, 우상숭배자인가?』. 서울: 새물결
플러스, 2014.

41. 이재철.『회복의 신앙』. 서울: 홍성사, 1999.

42. 기형도.『입 속의 검은 잎』. 서울: 문학과 지성사, 1989.

43. NCCK 언론위원회 엮음.『NCCK가 주목한 오늘, 이 땅의 언론 시선(視線)』. 서울: 도서출판
동연, 2017.

44. 소피아, 로젠펠트/정명진 옮김.『상식의 역사』. 서울: 부글 BOOKS, 2011.

45. 박완서.『세상에 예쁜 것』. 서울: 마음산책, 2012.

46. 조정래.『시선』. 서울: 해냄, 2014.

47. 한병철/김태환 옮김.『시간의 향기』.서울: 문학과 지성사, 2013.

48. 고도원.『혼이 담긴 시선으로』. 서울: 꿈꾸는 책방, 2015.

49. 정호승.『당신이 없으면 내가 없습니다』. 서울: 해냄 출판사, 2014.

50. 조정래.『황홀한 글 감옥』. 서울: 시사인북, 2009.

51. 박노해.『다른 길』. 서울: 느린나무, 2014.

52. 김영봉.『가장 위험한 기도, 주기도』. 서울: IVP, 2013.

53. 다치바나 다카시/이언숙 옮김.『나는 이런 책을 읽어왔다"서울: 청어람 미디어, 2014.

54. 레베카 솔닛/설준규 옮김.『어둠 속의 희망』. 서울: 창비, 2006.

55. 레베카 솔닛/김정아 옮김.『걷기의 인문학』. 서울: 반비, 2017.

56. 다비드 르 브르통/김화영 옮김.『걷기 예찬』. 서울: 현대문학, 2010.

57. 레베카 솔닛/김명남 옮김.『남자들은 자꾸 나를 가르치려 든다』. 서울: 창비, 2017.

58. 옥성호. 갑각류 크리스천(블랙편), 서울: 테트리토스, 2013.

59. 차정식.『거꾸로 읽는 신약성경』. 서울: 포이에마, 2015.

60. 차준희.『예레미야 다시보기』. 서울: 프리칭 아카데미, 2009.

61. 정용섭, "설교와 선동 사이에서", 서울: 대한기독교서회, 2007.